Tony Judt

Große Illusion Europa

Gefahren und Herausforderungen
einer Idee

Aus dem Englischen
von Susanne Hornfeck

Carl Hanser Verlag

Titel der Originalausgabe:
La Grande Illusion? An Essay on Europe
Farrar, Straus & Giroux, New York 1996

ISBN 3-446-18755-3
© 1996 Tony Judt
Alle Rechte an der deutschen Ausgabe vorbehalten:
© 1996 Carl Hanser Verlag München Wien
Satz: Fotosatz Amann, Aichstetten
Druck und Bindung: Clausen & Bosse, Leck
Printed in Germany

Inhalt

Zur deutschen Ausgabe

Dieses Buch hat eine erstaunlich kosmopolitische Entstehungsgeschichte. Ein britischer Historiker, der seinen ständigen Wohnsitz in den Vereinigten Staaten hat und dessen Spezialgebiet Frankreich ist, hat es in Wien geschrieben. Doch wie alle Bücher, die sich heutzutage mit Europa befassen, ist es vor allem ein Buch über Deutschland, auch wenn diesem kein besonderer Platz darin eingeräumt wird.

Zwischen 1871 und 1945 waren europäische Diplomaten und Studenten der europäischen Geschichte geradezu besessen von »der deutschen Frage«. Das war durchaus verständlich: In einer einzigen Generation war im Herzen Europas ein großer neuer Staat entstanden, der traditionelle militärische Macht mit modernem Industriepotential vereinigte – eine Verbindung, die kein anderer europäischer Staat vorzuweisen hatte. Die daraus resultierende Verunsicherung begann mit dem Entstehen eines Deutschen Reiches 1871 und dauerte in unterschiedlichen Ausprägungen bis zur endgültigen Niederlage Hitlers im Mai 1945 an. Doch damit war – auch wenn dies damals nicht offenkundig wurde – »die deutsche Frage« bei weitem nicht beigelegt. Die objektiven Voraussetzungen für eine zukünftige deutsche Vorherrschaft auf dem Kontinent schienen weiterhin zu bestehen, weshalb nach dem Krieg das Hauptanliegen der meisten Politiker und Planer in Großbritannien, Frankreich, Italien und natürlich in der Sowjetunion darin bestand, eine erneute Bedrohung durch Deutschland zu verhindern.

Wenn wir das heute vergessen, so deshalb, weil jenes Ziel nur allzu bald von einem anderen abgelöst wurde. Zwischen 1945 und 1948 war die Mehrzahl der westlichen Regierungen mit der deutschen Bedrohung und ihrer endgültigen Ausschaltung beschäftigt gewesen; nach 1948 änderten sich jedoch die Prioritäten. In der 1947 einsetzenden Diskussion um den Wiederaufbau Westeuropas wurde offenkundig, daß dieses Ziel ohne eine erstarkte (west-) deutsche Wirtschaft schlechterdings nicht zu verwirklichen war. Ohne die deutschen Ressourcen und Märkte blieben die Aussichten für Frankreich, Belgien, die Niederlande und andere düster. An die Stelle einer militärischen Schwächung des Landes trat nun der Versuch, die deutsche Wirtschaft wieder flottzumachen, die man als Motor für einen neuen europäischen Wirtschaftsaufschwung benötigte. Und Konrad Adenauer seinerseits begriff sehr schnell, daß die Mitgliedschaft der neuen Bundesrepublik in einem wirtschaftlich integrierten Westeuropa der erste Schritt auf dem Weg zur Normalisierung und Legitimierung des Status von Deutschland war.

Diese Strategie der Integrationspolitik und der eindrucksvolle wirtschaftliche Erfolg der fünfziger und sechziger Jahre, den sowohl Europa als auch sein Mitglied, die Bundesrepublik, vorzuweisen hatten, haben der Diskussion um »das deutsche Problem« ein erstaunlich rasches Ende bereitet. Die Teilung Deutschlands und ganz Europas in zwei antagonistische Hälften taten das Ihre. Schon fünf Jahre nach Kriegsende ging die unmittelbare Bedrohung der freiheitlichen Demokratien Europas nicht mehr von Deutschland, sondern von der Sowjetunion aus. Gleichzeitig diente diese als Garant für eine dauerhafte Teilung Deutschlands. Auf diese Weise löste die Sowjetunion das Deutschlandproblem, indem sie dem Land die Teilung aufzwang und gleichzeitig durch die Errichtung einer Hegemonie im Herzen des europäischen Subkontinents selbst in die Rolle des »Unruhestifters« schlüpfte.

Diese Situation bestand von 1949 bis 1989, lange genug, um von der Mehrzahl der Europäer als dauerhaft angesehen zu werden. Doch die Osteuropäer, vor allem die Intellektuellen in den Oppositionsbewegungen der achtziger Jahre, wollten sich mit dieser Situation nicht zufriedengeben und weigerten sich, sie als das logisch und historisch zwingende Ergebnis der europäischen Kriege der ersten Jahrhunderthälfte hinzunehmen. Viele ihrer linken Freunde im Westen jedoch, nicht zuletzt in der deutschen Linken, akzeptierten den Status quo der Nachkriegszeit nur zu bereitwillig, wobei ihnen die versöhnlichen Gesten der Ostpolitik Willy Brandts und die finanziellen Unterstützungen für die DDR im Gegenzug zu Erleichterungen an der Grenze und einer Entspannung zwischen den Großmächten Mitteleuropas gerade recht kamen. Vor dem tragischen Hintergrund der deutschen Vergangenheit erschien dies vielen deutschen Intellektuellen die bestmögliche Entwicklung zu sein. Sie erlaubte der Bundesrepublik, ein wohlhabendes, aber zugleich passives Territorium zu werden, auf dem man die moralischen und historischen Probleme des Nazismus und der nationalen Verantwortlichkeit ausdiskutieren konnte, ohne damit die deutsche Demokratie oder die europäische Stabilität zu gefährden.

In diesem Zusammenhang muß man den Schock sehen, den die Ereignisse von 1989 und ihre Folgen auslösten. Denn was für die Bundesrepublik galt, traf ebenso auch auf andere Länder zu. In den achtziger Jahren hatte das Heranwachsen einer neuen Generation in Frankreich, Italien und in den Niederlanden eine andere Sicht auf die Vergangenheit möglich gemacht. Man war bereit, die in den fünfziger und sechziger Jahren mit schöner Sorglosigkeit vergessenen Taten und Erinnerungen des Krieges erneut zur Diskussion zu stellen. Auch eine veränderte Einstellung zu Deutschland hatte ihren Teil dazu beigetragen. Während es von 1945 bis in die frühen siebziger Jahre in Frankreich und anderswo üblich war, die Schrecken der Vergangenheit als etwas darzustellen, das »sie« (die Deutschen) »uns« angetan hatten, so setzte sich seither eine selbstkritischere Sicht der Dinge durch. In dem Maße wie Deutschland wieder als ein »normales« Land angesehen werden konnte, wurde deutlich, inwieweit auch die anderen »normalen« Völker in Kollaboration und Kriegsverbrechen verwickelt waren.

Die Befreiung Osteuropas und vor allem die Kriege in Jugoslawien ließen in der »anderen« Hälfte Europas erstmals Erinnerungen an die Kriegszeit wiedererwachen. Eine neue – und diesmal eine der Wahrheit entsprechende – Sicht auf die erste Jahrhunderthälfte in Polen, der Slowakei oder Kroatien wurde möglich und führte unweigerlich zu einer erneuten Diskussion der Erfahrungen von Besatzungszeit und Kollaboration. Da diese Entwicklung mit der Einigung Deutschlands von 1990 zusammenfiel, kam natürlich einmal mehr Deutschlands unliebsame Rolle in der kummervollen Geschichte Zentral- und Südosteuropas zu Bewußtsein. Nationalistische Demagogen und nostalgische Ex-Kommunisten haben sich dies gleichermaßen zunutze gemacht, zumal die Zukunft so vieler Volkswirtschaften dieser Region stark von deutschen Investitionen abhängt.

Mittlerweile machten die deutsche Einigung und der (zeitweilige?) Zerfall Rußlands auch in Westeuropa augenfällig, was die Geopolitik des Kalten Krieges und kollektives Wunschdenken bis dahin verschleiert hatten: daß nämlich die Initiative für eine zukünftiges geeintes Europa oder jede Art von gemeinsamer Unternehmung nur bei dem Land liegen kann, dessen Bevölkerungszahl, Wirtschaft und geographische Lage einmal mehr die europäische Szene bestimmt. Der Unterschied zwischen 1996 und 1871 oder 1913 beziehungsweise 1938 ist der, daß die natürliche Vorherrschaft Deutschlands in Europa den Deutschen inzwischen genauso zu einem Problem geworden ist wie seinen Nachbarn. Das Dilemma um eine militärische Einmischung – sei es nun auf dem Balkan oder anderswo – beschäftigt inzwischen mehr Deutsche als Nicht-Deutsche. Und es ist der deutsche Kanzler, und nicht der französische Präsident oder der Premierminister von Großbritannien, Spanien oder Italien, der nationale Interessen als gemeinsame europäische Ziele formuliert und sie in ein immer enger zusammenwachsendes Europa zu integrieren sucht.

Daher lösen die Probleme der Europäischen Union und die Grenzen ihrer zukünftigen Entfaltungsmöglichkeiten – ebenso wie die wachsenden »antieuropäischen« Ressentiments in vielen Ländern innerhalb und außerhalb der heutigen Union – bei den Deutschen stärkere Ängste aus als anderswo. Und dies zu Recht; denn wie immer die Zukunft Europas aussehen wird, sie hängt entscheidend von der Führungsrolle Deutschlands und von der deutschen Einschätzung der Frage ab, wie schnell und wie systematisch man auf eine Einigung hinarbeiten sollte. Dies ist einer der wichtigsten Themenkreise dieses Essays. Hatte Europa früher sein »deutsches Problem«, so hat Deutschland jetzt sein »europäisches Problem« – und das zu lösen wird unter Umständen nicht weniger schwierig sein.

Vorwort

Dieses Buch geht auf eine Vorlesungsreihe zurück, die ich im Mai 1995 am Johns Hopins Center in Bologna unter der Schirmherrschaft der *New York Review of Books* und des Verlages Hill & Wang gehalten habe. Mein Dank gilt dem Direktor des Center, meinem Gastgeber Professor Robert Evans, und Professor Pietro Corsi, Herausgeber der *Revista dei Libri*, der die Reihe organisiert und finanziell unterstützt hat. Die lebhaften Diskussionen im Anschluß an die Vorlesungen waren ebenfalls eine große Hilfe, und ich hoffe, daß in meinen Ausführungen deutlich wird, wieviel ich davon profitiert habe. Die eigentliche Idee zu diesem Buch entstand während eines Gesprächs mit Robert Silvers und Elisabeth Sifton. Bei beiden bedanke ich mich für Anregungen und Ermutigung.

In diesem Buch möchte ich drei aktuelle Fragen ansprechen:

Wie steht es um die Zukunftsaussichten der Europäischen Gemeinschaft?

Woran liegt es, wenn sie nicht gerade rosig sind?

Welchen Unterschied macht es, ob wir ein geeintes Europa bekommen oder nicht?

Die Art der Fragestellung und die Antworten, die ich

darauf geben werde, mögen mich als Euroskeptiker erscheinen lassen. Ich bin zwar ein Bürger – wenn auch kein Bewohner – Großbritanniens, doch gegen diesen Vorwurf möchte ich vorsorglich Widerspruch einlegen. Ich bin, ganz im Gegenteil, ein begeisterter Europäer; kein vernünftiger Mensch würde sich ernstlich zurückwünschen in jene von Kriegslust und Mißtrauen erfüllte Arena rivalisierender und auf sich selbst fixierter Nationen, die der europäische Kontinent bis in die jüngste Vergangenheit war. Was immer uns von einem solchen Europa wegbringt ist gut, und je früher desto besser.

Aber eine bestimmte Entwicklung wünschenswert zu finden, bedeutet noch nicht, sie auch für realisierbar zu halten. Ein wahrhaft geeintes Europa, so möchte ich in diesem Essay behaupten, ist in einem Maße unwahrscheinlich, daß es unklug, ja unsinnig wäre, weiter darauf zu bestehen. Ich bin also, nehme ich an, ein Europessimist. Im Gegensatz zu Jean Monnet, dem Gründer der Europäischen Gemeinschaft, bin ich nicht der Ansicht, daß es ratsam oder auch nur möglich ist, Geschichte »auszutreiben«, wie man Geister »austreibt«, zumindest nicht über ein geringfügiges Maß hinaus. Ich beschließe meine Ausführungen daher mit einem Plädoyer für die teilweise Wiedereinsetzung oder Ehrenrettung des Nationalstaates. Dasselbe gilt für die ehemals kommunistischen Staaten im Osten; ob deren Zukunft nun in einem vereinten Europa liegen *sollte* oder nicht, ändert nichts an der Tatsache, daß dies möglicherweise nicht zu verwirklichen sein wird. Es mag deshalb klüger sein, sich mit derartigen Versprechungen zurückzuhalten.

Argumentation und Tonfall dieses Buches sind davon beeinflußt, daß es in Österreich geschrieben wurde. Der Ausblick auf Europa, besonders auf seine zukünftigen

Probleme, ist vom Zentrum des Kontinents aus ein anderer als von seinem westlichen Rand, an dem die meisten europäischen Institutionen ihren Sitz haben. Das imperiale Erbe und die derzeitige Provinzialität Mitteleuropas, die übermächtige Präsenz Deutschlands, die Nähe zum »ehemaligen Jugoslawien« und die Leichtigkeit, mit der man jetzt die frühere Ost-West-Grenze überschreiten kann, nur um festzustellen, wie gänzlich verschieden die beiden Europa nach wie vor sind; das alles legt eine düsterere Sicht der Dinge nahe, als sie sich von einem Standpunkt weiter westlich oder nördlich böte. Ganz besonders möchte ich daher an dieser Stelle der New York University danken, die mir ein Forschungssemester gewährt hat, und dem Institut für die Wissenschaften vom Menschen und seinem Direktor Professor Krzystof Michalski, das mich großzügig einlud, diese Zeit als sein Gast in Wien zu verbringen.

Wien, im Januar 1996

1
Die Große Illusion

Die Europäische Gemeinschaft für Kohle und Stahl, die »Montanunion«, entstand 1951 nach einer Idee von Jean Monnet, die im Mai 1950 von Robert Schuman, dem französischen Außenminister, erstmals der Öffentlichkeit vorgetragen worden war. 1958 wurde daraus die Europäische Wirtschaftsgemeinschaft, auch bekannt als das »Europa der Sechs« (Frankreich, Westdeutschland, Italien und die Benelux-Länder). Dieses florierende »fernwestliche« Europa nahm Großbritannien, Dänemark und Irland auf und wurde so zum »Europa der Neun«. In den achtziger Jahren erweiterte es sich durch die Aufnahme von Griechenland, Spanien und Portugal noch einmal zum »Europa der Zwölf«. Seine jüngsten Mitglieder – Österreich, Schweden und Finnland – vergrößern die Zahl nun auf fünfzehn. Und wenn man heute über mögliche Neuzugänge spricht, so heißt es schlicht und unverfroren, daß diese Länder, wie etwa Slowenien oder Polen, »Europa beitreten«.

Diese aufschlußreiche Redeweise zeigt, daß »Europa« heute weniger einen Ort als vielmehr eine Idee bezeichnet, ein friedvolles, prosperierendes Gemeinwesen, in dem sich ergänzende Partner gemeinsame Interessen verfolgen. Gemeint ist ein »Europa des Geistes«, in dem die Menschenrechte und der freie Austausch von Waren, Ideen und Menschen gewährleistet sind und das sich immer weiter annähert und zusammenschließt. Dieser ideale Europa-Begriff, der »europäischer« ist als der Kontinent selbst und in dem alle höheren Werte der antiken Kulturen verinnerlicht und fortgeschrieben sind, verdankt sich nicht allein der Kasernierung des anderen, des östlichen Teils Europas unter dem Kommunismus. Schließlich waren es nicht nur die Volksdemokratien, die sich von diesem neuen »Europa« fernhielten, sondern ebenso die Schweiz, Norwegen und bis (vor kurzem) auch Österreich und Schweden; Staaten, die ja in der Tat viele jener sozialen und bürgerlichen Tugenden verkörpern, die die »Europäer« in ihren neuen Institutionen zu verankern suchen. Wenn wir die Ursprünge – und wie ich ausführen werde, auch die Grenzen und möglicherweise die Risiken – jenes »Europa« verstehen wollen, das uns heute als Versprechen und Banner vorangetragen wird, dann müssen wir zurückgehen in jene Phase der jüngeren Vergangenheit, in der die Aussichten auf jegliche Art von Zusammenschluß besonders düster waren.

Rückblickend könnte man meinen, das westliche Nachkriegseuropa sei von Idealisten aufgebaut worden, die einen vereinten Kontinent im Sinn gehabt hätten. Solche Leute hat es in der Europäischen Einigungsbewegung von 1947 zweifellos gegeben. Doch ihr tatsächlicher Einfluß war unerheblich. Ausgerechnet Großbritannien, das in den folgenden Jahren keine tragende Rolle beim tatsächlichen Aufbau der europäischen Einheit spielen sollte, hatte in dieser Frage am meisten zu sagen: Im Oktober 1942 bemerkte der britische Premier Winston Churchill gegenüber seinem Außenminister Anthony Eden, »es wäre ein Katastrophe unabsehbaren Ausmaßes, wenn der russische Bolschewismus Kultur und Unabhängigkeit der alten Staaten Europas überschwemmen sollte. Die Lage ist derzeit schwer zu beurteilen, aber ich vertraue darauf, daß die europäische Familie gemeinschaftlich, im Rahmen eines Europäischen Rates, handeln wird.« * Zweifellos herrschte 1945 in den befreiten Ländern des europäischen Kontinents ein idealistischer Geist. Die eigentlichen Ziele vieler Fürsprecher einer Gemeinschaft aber waren innenpolitischer Natur; Veränderung und Reform im eigenen Land unter den Vorzeichen der unterschiedlichen Koalitionen, die sich zu Widerstandsbewegungen gegen die Nazibesatzung zusammengefunden hatten. Bis weit in die fünfziger Jahre hinein gab es kaum Intellektuelle oder Politiker, die sich vorrangig für die Zukunft eines vereinten Kontinents und weniger für die Politik ihres eigenen Landes engagierten.

Weder Idealismus noch zwingende Gebote eines historischen Schicksals waren es, was die Europäer in jenen Jahren antrieb. In den Nachkriegsjahren sprach kaum etwas für einen natürlichen oder gar unausweichlichen Zusammenschluß derer, die Hitlers Krieg überlebt hatten. Janet Flanner prophezeite bereits 1944 in einer ihrer regelmäßigen Kolumnen im *New Yorker* das Gegenteil, indem sie von einer kommenden Ära des innereuropäischen Konkurrenzkampfes verzweifelter Nationen um die mageren Ressourcen schrieb. Die Notwendigkeit für

---

* Churchill hat auch nach dem Krieg weiter Reden über ein vereintes Europa gehalten, so zum Beispiel im September 1946 in Zürich und im Mai 1947 in der Londoner Albert Hall. Aber wie vielen englischen Politikern ging es ihm letztlich nur um einen Ort des Austausches, ein Diskussionsforum, was der Europäische Rat ja letztlich auch war und ist.

eine gewisse Kooperation unter den Staaten Westeuropas war offensichtlich, doch Ausmaß und Form dieser Zusammenarbeit waren durch gemeinsames Elend und Erschöpfung in der Nachkriegszeit allein noch nicht festgelegt. Und viele ihrer möglichen Formen, vor allem im wirtschaftlichen Bereich, hatten nichts von Idealismus an sich und wiesen auf keine gemeinsame Zukunft voraus.

Die Idee, wirtschaftliche Interessen zu bündeln, um gemeinsame Schwierigkeiten zu überwinden, war beileibe nicht neu. Bereits Mitte des 19. Jahrhunderts hatte es Fürsprecher für die »Vereinigten Staaten von Europa« gegeben (so im Februar 1848 in der französischen Zeitschrift *Le Moniteur* während der Zweiten Republik). Es kursierten verschiedene Vorschläge zu einer europäischen Wirtschaftsgemeinschaft nach dem Muster der Schweizer Kantone. Ein anderes beliebtes Stichwort in den Diskussionen des 19. Jahrhunderts war der Zollverein. Es existierten sogar Pläne, den Deutschen Zollverein von 1834 auf die Niederlande, Belgien, Dänemark, ja selbst auf das Habsburger Reich auszudehnen, doch sie blieben ergebnislos.

Erst nach dem Ersten Weltkrieg belebte sich das Interesse an Handelsabkommen wieder. Der Zerfall von Imperien und der daraus resultierende Zusammenbruch bestehender Produktions- und Handelseinheiten hatte neue Absprachen und Wirtschaftspakte ebenso nötig gemacht wie die Abwertung von Währungen und der Preisverfall in den frühen zwanziger Jahren (auch war damals ein deutlicher Antiamerikanismus, eine Furcht vor US-amerikanischer Konkurrenz zu spüren, wie sie bis heute die innereuropäischen Handelsabkommen angetrieben und erleichtert hat). Das bekannteste der so entstandenen Übereinkommen ist das im September 1926 von

Deutschland, Frankreich, Belgien, Luxemburg und dem Saarland (damals noch durch den Versailler Vertrag von Deutschland abgetrennt) unterzeichnete Internationale Stahlkartell. Ein Jahr später kamen die Tschechoslowakei, Österreich und Ungarn hinzu. 1929 kündigten die deutschen Unternehmer ihre Mitgliedschaft, und schon zwei Jahre später, auf dem Höhepunkt der großen Depression, wurde es ganz aufgegeben.

Vergleichbare Anstrengungen, um der europäischen Zwischenkriegswirtschaft aufzuhelfen, folgten; die sogenannte »Oslo Gruppe« von 1930, die Skandinavien und die Benelux-Staaten umfaßte, und das »Protokoll von Rom«, das 1934 von Italien, Ungarn und Österreich unterzeichnet worden war. Keine dieser Absprachen konnte jedoch den Zusammenbruch des Handels verhindern, der Vorbote und Ursache der wirtschaftlichen Stagnation war; zwischen 1929 und 1936 gingen Frankreichs Geschäfte mit Deutschland um 80 Prozent, die deutschen Exporte nach Frankreich um 85 Prozent zurück. Bezeichnend jedoch ist der noch im Jahre 1938 von Frankreich und Deutschland unternommene und schließlich ergebnislose Versuch, die Dinge wieder ins richtige Lot zu bringen. In einem – niemals ratifizierten – Handelsabkommen kam man überein, daß Frankreich mehr Produkte der deutschen Chemie- und Maschinenbauindustrie abnehmen, während Deutschland den Import französischer Agrarprodukte verstärken sollte.

Neben diesen unsteten und letztlich erfolglosen Versuchen einer wirtschaftlichen Partnerschaft gab es diplomatische Vorstöße hin auf mehr europäische Zusammenarbeit, wobei vor allem die Initiative des französischen Staatsmannes Aristide Briand und seines deutschen Partners Gustav Stresemann zu nennen sind. Während der zwanziger Jahre setzte sich Stresemann unermüdlich für einen Abbau der Zollschranken, ja sogar für die Einführung einer Euro-Währung ein, denn er sah sehr wohl, daß den deutschen Interessen in einem weiteren europäischen Umfeld am besten gedient war. Allerdings war er nicht im selben Maße ein Vertreter des Europagedankens wie der von Nationalisten 1922 ermordete deutsche Außenminister Walter Rathenau, der sich ganz der Europaidee verschrieben hatte. Briands Vorstoß war bezeichnenderweise expansiver, aber zugleich auch weniger konkret. Sein Plan für ein »Vereintes Europa« von 1929 machte geltend, »daß es zwischen Völkern, die wie die europäischen eine geographische Einheit bilden, auch eine Art von föderativer Bindung geben sollte«. Ein Kommentar zu diesem Vorschlag aus dem britischen Außenministerium war verständnisvoll, wenn auch skeptisch. Er vertrete, so hieß es, »eine Neuordnung und Konsolidierung der europäischen Finanzen und Industrien, um Frankreich und den Rest Europas vor der wachsenden Bedrohung durch nicht-europäische, vor allem amerikanische Konkurrenz zu schützen. Dies ist es, was die Begriffe ›Vereinigte Staaten Europas‹ oder ›Pan-Europa‹ immer gemeint haben, und ohne eine solche Neuordnung müssen sie zwangsläufig bedeutungslos werden.«[*]

An Ansätzen zu einer wirtschaftlichen Einigung Europas gab es also schon vor dem Krieg keinen Mangel, und es war nichts besonders Idealistisches an dem Versuch, sie nach dem Krieg wieder aufleben zu lassen. Ganz im Gegenteil: Transnationale Organisationen des

---

[*] Zitiert nach der Einführung des Herausgebers in P. Stirk, ed., *European Unity in Context: The Inter-war Period* (London 1989), S. 13.

gesamten politischen Spektrums zeigten sich stark interessiert, dem notleidenden Kontinent aufzuhelfen. Schon die ganze Zwischenkriegszeit hindurch hatten Faschisten – und nicht nur sie – in Wort und Schrift ein erneuertes, verjüngtes Europa propagiert, das sich, seiner ursprünglichen Grenzen entledigt, auf der Grundlage gemeinsamer Ziele und Institutionen zusammenschließen sollte. Junge Neutralisten, wie etwa der spätere belgische Außenminister und europäische Staatsmann Paul-Henri Spaak, schlossen sich bereits in den dreißiger Jahren Organisationen mit Namen wie *Jeune Europe* an. Hier trafen Gleichgesinnte, unter ihnen auch Otto Abetz, der spätere deutsche Botschafter im besetzten Paris, zusammen.

In den zwanziger Jahren war Pazifismus die treibende Kraft hinter der Idee vom geeinten Europa. So argumentierten etwa die Verfasser eines 1922 entstandenen Manifests, daß es in einem geeinten Europa keine Kriege mehr geben würde. Es ist kein Zufall, daß einer seiner prominenten Unterzeichner der junge Franzose Jean Luchaire war, der später die tonangebende Zeitung der Kollaboration im Frankreich des Vichy-Regimes herausgeben sollte. Gegen Ende des Zweiten Weltkrieges haftete der Diskussion um ein vereintes Europa eine bösere Bedeutung an: Albert Speers Pläne für eine Neue Europäische Ordnung, ein neues Konzept für den Kontinent, dessen Zentrum natürlich Deutschland bilden sollte, hatten tausendfach durch die Kriegsreden gehallt. Hier hatte das neue »Europa« als Synonym für Antibolschewismus, für den Schulterschluß mit dem Nationalsozialismus und für die Verdammung der alten, liberal-demokratischen und kleinteiligen Vorkriegswelt herhalten müssen.

In den ersten Jahre nach der deutschen Niederlage war

das Thema also begreiflicherweise nicht sehr populär: Die Terminologie war vergiftet. Statt dessen ließen sich die Architekten eines Nachkriegseuropa von realistischen, nationalen Motive der konventionellsten und herkömmlichsten Art leiten. Dies ist kaum verwunderlich, waren doch die meisten von ihnen in einer Welt der Nationalstaaten und Allianzen aufgewachsen und hatten ihre ersten Erfahrungen als Erwachsene vor dem Ersten Weltkrieg gemacht. Sie konnten sich die Alternativen, die sich ihnen nach 1945 boten, nur im Licht dieser früheren Erfahrungen und Fehlentscheidungen vorstellen und planten entsprechend.

Das Dilemma, vor das sich die Franzosen nach 1945 gestellt sahen, unterschied sich nicht wesentlich von der Situation von 1918. Allerdings hatten die Franzosen damals zu den Siegern gehört, während sie es diesmal nur dem Namen nach waren. De Gaulle und andere französische Politiker fürchteten 1945, von ihren anglo-amerikanischen Alliierten im Stich gelassen zu werden, und mußten sich nun, wie schon Clemenceau im Jahr 1919, der Frage stellen: Wie kann man die deutsche Macht auf ein ungefährliches Maß beschränken und gleichzeitig Deutschlands Wirtschaft produktiv genug erhalten, damit sie der französischen Industrie ausreichend lebenswichtige Rohstoffe liefert? Denn Frankreich hing seit dem 18. Jahrhundert, besonders was Kohle betraf, ausschließlich von deutschen Ressourcen ab. Kohle von der Ruhr war für die eigene Stahlproduktion unentbehrlich. Ironischerweise hatte die Rückgabe Elsaß-Lothringens nach 1919 diese Abhängigkeit nur noch verstärkt, da die wiedergewonnenen Gebiete die französische Stahlproduktion verdoppelten, ohne selbst nennenswert zur Kohleförderung beizutragen. 1938 war Frankreich weltgrößter Kohleimporteur, wobei allein 420 000 Tonnen monatlich aus dem Ruhrgebiet stammten. Diese Einfuhrmenge war 1946 um 70 Prozent zurückgegangen, während Frankreichs eigene Kohleförderung unter das Niveau von 1929 gesunken war.

Die Nutzung deutscher Rohstoffe war für Frankreich also lebenswichtig, und man verfolgte in den ersten Nachkriegsjahren gegenüber Deutschland die Strategie einer optimalen Ausbeutung der Ressourcen bei gleichzeitiger Minimierung politischer und militärischer Macht – eine Neuauflage jener erfolglosen Politik, die 1923 zur Besetzung des Ruhrgebiets durch die Franzosen geführt hatte. Der aussichtslose Wunsch, die desaströse Politik der frühen zwanziger Jahre zu wiederholen, kollidierte mit dem Bestreben führender britischer und amerikanischer Politiker, die (west-)deutsche Wirtschaft wiederzubeleben. Dieses galt zwar einerseits einer Verbesserung der Situation in Europa, andererseits – vor allem im Falle der Briten – aber auch einer Reduzierung der Unterhaltskosten für die Menschen in den Besatzungszonen. Abgesehen davon neigten Briten und Amerikaner (allen voran der Befehlshaber der US-Truppen in Berlin, General Lucius Clay) zunehmend dazu, den Westzonen im Nachkriegsdeutschland eine gewisse Unabhängigkeit zurückzugeben. Dies bereitete den Franzosen natürlich Sorgen (Briten und Amerikaner gestanden Frankreich zwar die Kontrolle über das Saarland zu, aber die dortige Kohle war weitgehend unbrauchbar für die französische Industrie).

In einer Reihe von Begegnungen zwischen 1946 und 1947 versuchten französische Politiker wie Georges Bidault dieses Hindernis durch eine Allianz mit der Sowjetunion zu umgehen, ein Nachklang der traditionellen französischen Diplomatie der Verbrüderung mit einer starken Macht östlich von Deutschland. Und darin lag eine gewisse Logik: Auch den Sowjets war an einer optimalen Ausbeutung ihrer deutschen Besatzungszone gelegen, und sie hatten nichts dagegen, daß Frankreich ähnliche Ziele verfolgte. Im Gegenteil, dessen Frontstellung gegenüber Briten und Amerikanern kam ihnen durchaus gelegen. Doch mit dem Ausbruch des Kalten Krieges konnten die Russen immer weniger von solchen (auch zuvor nur begrenzt nützlichen) diplomatischen Manövern Frankreichs profitieren, weshalb der sowjetische Außenminister Molotow beim Treffen im April 1947 in Moskau das französische Ansinnen einer Demontage Deutschlands entschieden zurückwies. Damit blieb Paris als Ausweg nur eine dritte Strategie.

Sie bestand darin, daß man die Notwendigkeit einer Wiederbelebung der deutschen Wirtschaft und einer Einigung Westdeutschlands anerkannte, gleichzeitig aber durch internationale Bündnisse und Wirtschaftsabkommen allerlei Vorkehrungen traf, um dessen Bewegungsfreiheit einzuschränken und Frankreichs Zugriff auf den potentiellen deutschen Reichtum zu garantieren. Dieser war nämlich für den Erfolg des neu konzipierten Monnet-Plans lebenswichtig – eines Programms für den Wiederaufbau der französischen Industrie, der ganz auf der Verfügbarkeit erschwinglicher deutscher Rohstoffe fußte. 1949 und 1950 wurden daher schwierige Verhandlungen mit den möglichen Partnern Italien, den Benelux-Staaten und Großbritannien eingeleitet. Diese Diskussionen hätten zu ähnlichen Ergebnissen wie den von Frankreich diktierten Handelsbeschränkungen und Tarifabsprachen der Zwischenkriegszeit führen können, diesmal jedoch mit dem zusätzlichen Vorteil, den französischen Zugriff auf die deutschen Rohstoffe unter extrem günstigen Bedingungen zu garantieren. Den Briten war mit diesem Abkommen die Rolle eines Garanten gegen die Bedrohung eines in Zukunft möglicherweise übermächtigen Deutschland zugedacht worden.

Doch diese Vorstöße führten zu nichts. Es kam weder zu einem Abkommen mit Deutschland *und* Großbritannien, noch zu einem, das Deutschland ausschloß. Statt dessen entstand der Schuman-Plan, basierend auf Jean Monnets Idee von einer Sechs-Staaten-Gemeinschaft, die unter einer autonomen internationalen Behörde gemeinsam die Produktion und die Konsumtion von Kohle und Stahl regeln sollte. Vorgelegt wurde er vom französischen Außenminister Robert Schuman. Seine Originalität bestand darin, die Abwesenheit der Briten in der zukünftigen Montanunion zu akzeptieren und gleichzeitig Deutschland darin einzubinden. Eine solche Lösung für das französische Dilemma wäre einige Jahre zuvor noch undenkbar gewesen, und auch 1950 war sie allenfalls die zweitbeste Lösung, denn die Abwesenheit der Briten war besonders für die holländischen Unterhändler schwer zu akzeptieren (gleichwohl gab der Schuman-Plan den Franzosen die Chance, ohne London zu informieren die Initiative ergreifen zu können, womit man sich für Jahrzehnte der diplomatischen Demütigung von München bis Moskau rächte).

Ähnlich wie im 19. Jahrhundert die Habsburger, die erst angefangen hatten, eine dominante Rolle in Mittel- und Südosteuropa zu spielen, nachdem sie von den Preußen aus Deutschland verdrängt worden waren, so akzeptierten auch die Franzosen 1950 diese »europäische« Lösung ihres Deutschlandproblems erst, nachdem die anderen Mächte deren bevorzugte Strategien vereitelt hatten. Die Idee war nicht ganz neu. Edouard Herriot, der Führer des unglückseligen Linkskartells, hatte in der »deutschen Frage« ebenfalls die Bereitschaft bekundet, Frankreich einem »vereinten Europa« anzuvertrauen. Aber 1925 war Frankreich nicht in der Position gewesen, eine »europäische Lösung« seiner Probleme durchzusetzen, und hatte außerdem keine unmittelbare Notwendigkeit dazu gesehen. Selbst nach dem dritten Krieg mit Deutschland in nur 75 Jahren zeigten die Verbündeten der Franzosen wenig Mitgefühl für deren beständige Ängste vor einem übermächtigen Deutschland. 1948 ließ der amerikanische Außenminister George Marshall verlauten: »Frankreichs Sorge wegen einer Bedrohung durch Deutschland ... erscheint uns unzeitgemäß und wirklichkeitsfremd.«

Dennoch hatten die Franzosen über ihre kühnsten Hoffnungen hinaus und gegen ihren Willen großen Erfolg mit der »Europäisierung« ihres historischen Problems. Indem sie Westdeutschland in eine von Frankreich dominierte Gemeinschaft einbanden, bekamen sie, was sie wollten, ohne dabei eigennützig zu erscheinen. Jacques Delors, der seine politische Laufbahn als Präsident der Europäischen Kommission beschloß, hat es viele Jahre später in einer enthüllenden Passage seines treffend betitelten Buches *La France par l'Europe* (1988) folgendermaßen auf den Punkt gebracht: »Die Schaffung Europas ist eine Möglichkeit, jenen Freiraum zu gewinnen, der für ›eine bestimmte Idee von Frankreich‹ unabdingbar ist.« Es kam hinzu, daß Deutschland in diesem Prozeß nicht nur keine andere Wahl hatte, sondern aus bestimmten unvorhersehbaren Gründen auch durchaus am selben Strang zog. Als man dem westdeutschen Kanzler Konrad Adenauer den Schuman-Plan vorlegte, kommentierte er:

»Das ist unser Durchbruch.« Nur durch eine solche »übernationale« Einheit konnte die neue Bundesrepublik hoffen, wieder als gleichberechtigtes Mitglied in die internationale Gemeinschaft aufgenommen zu werden. Wie auch die anderen Partner Frankreichs hätte Deutschland von Anfang an eine erweiterte Union vorgezogen, vor allem eine, die Großbritannien einschloß, akzeptierte aber die Europäische Gemeinschaft für Kohle und Stahl zu Frankreichs Bedingungen in der Hoffnung auf dessen Unterstützung bei seinen eigenen Zielen, vornehmlich bei einer Ausweitung seines Selbstbestimmungsrechts.[*]

Auch Frankreichs andere Partner verfolgten offenkundig eigene Ziele. In vielleicht noch stärkerem Maß als Frankreich waren die Niederlande und Belgien darüber beunruhigt, daß die Amerikaner sich nach dem Krieg aus Europa zurückziehen könnten. Zwischen 1945 und 1947, als der größte Teil der US-Truppen abgezogen wurde und die amerikanischen Wähler ein ausgeprägtes Desinteresse an europäischen Angelegenheiten bezeugten, bestanden ernsthafte Ängste vor einem erneuten amerikanischen Isolationismus. Daraus erklärt sich auch das Bestreben der Benelux-Länder, Großbritannien irgendwie an den europäischen Kontinent zu binden. Doch noch dringlicher war ihr Interesse an einem Wiederaufbau der deutschen Wirtschaft. Dies gilt vor allem für die Holländer, die nur dann Hoffnung auf Wiederbelebung

---

[*] In einem Brief an Hannah Arendt hat Karl Jaspers es so formuliert: »(Unsere) jetzige Bestimmung ist es, daß Deutschland nur in einem vereinten Europa existieren kann, daß es nur durch eine Einigung Europas zu seiner früheren Größe zurückfindet und daß der Teufel, mit dem wir unseren unvermeidlichen Pakt schließen müssen, die egoistische, bourgeoise Gesellschaft Frankreichs ist.«

und Modernisierung der eigenen Wirtschaft hatten, wenn sie für einen wachsenden deutschen Markt produzieren konnten. Auch ohne eine Absicherung durch britische Präsenz war eine Stärkung Deutschlands für die Benelux-Länder unerläßlich, selbst wenn damit gewisse Risiken verbunden waren. Für einige holländische Politiker, wie Außenminister Dirk Stikker, bildete Deutschland gar ein wünschenswertes Gegengewicht zur wirtschaftlichen Vormachtstellung Frankreichs.

Aus britischer Sicht dagegen erschien die Organisation von Nachkriegseuropa in einem anderen Licht. Man hatte dort keinen Bedarf an Rohstoffen, wie Frankreich, keine Interessen auf einem deutschen Markt, wie Holland, und keinen Hunger auf internationale Anerkennung und Aufnahme, wie Deutschland; Großbritannien hielt sich abseits, gesichert durch seine kulturellen, politischen und wirtschaftlichen Verbindungen mit der Welt außerhalb Europas. Heutzutage führt man die britische Zurückhaltung gegenüber Europa gerne auf seine besondere Situation während des Krieges zurück – Großbritannien war eine der beiden siegreichen europäischen Mächte im Krieg gegen Hitler und hatte als einziges Land nicht unter Besatzung zu leiden gehabt. Deshalb blieb den Briten angeblich jene Erfahrung erspart, die die anderen Europäer dazu brachte, Einschränkungen ihres Selbstbestimmungsrechts zugunsten wirtschaftlicher und nationaler Wiederbelebung in Kauf zu nehmen. Das ist bestenfalls die halbe Wahrheit; es stimmt, daß den Briten die Erfahrung von Niederlage und Besatzung erspart blieb und sie noch Jahrzehnte nach dem Krieg in dem Glauben lebten, sie könnten so weitermachen wie zuvor. Doch Tatsache ist, daß 1950 nur ganz wenige Europäer, ob Briten oder andere, und keinesfalls jene, die an den

Hebeln der Macht saßen, von einer »Aufgabe des Selbstbestimmungsrechts« sprachen.

In mancher Hinsicht kann das Entstehen der europäischen Gemeinschaft in den fünfziger Jahren als Zufall
bezeichnet werden. Weder ihre Gestaltung und noch ihre
Mitglieder hatte man vorausgesehen, noch waren sie vor-
aussehbar gewesen. Noch im September 1947 hatte
George F. Kennan den Europäern jegliche Fähigkeit zu
einer gemeinschaftlichen Vision und zur Verständigung
abgesprochen, weshalb das amerikanische Außenministerium »einseitig entscheiden« müsse, was gut für sie
sei. Zu jenem Zeitpunkt hatte er durchaus recht: Im Juni
1948 stimmte die französische Nationalversammlung mit
nur 4 Stimmen Mehrheit der Schaffung einer deutschen
föderativen Autorität in den drei Westzonen (der französischen, der britischen und der amerikanischen) des besetzten Deutschland zu.

Auch die Existenz der Montanunion als solcher bedeutete noch nicht, daß unter ihren Mitgliedern ein starkes oder stabiles europäisches Selbstverständnis ge-
herrscht hätte. Den am 18. April 1951 unterzeichneten
Schuman-Plan sehen manche Kommentatoren als eine
Art *de facto*-Friedensvertrag zwischen Frankreich und
Deutschland, der eine zwar wichtige, aber begrenzte
wirtschaftliche Abhängigkeit beider Staaten voneinander festschrieb, und nicht mehr. Sobald die Hilfe aus dem
Marshall-Plan (1947 ins Leben gerufen, lief er im folgenden Jahr an und war auf insgesamt vier Jahre ausgelegt)
versiegte, wurden die Grenzen des Schuman-Plans
offenkundig. Die Franzosen blockierten alle weiteren
Anläufe hin auf eine europäische Integration; den 1952
von den Holländern initiierten sogenannten Green Pool,
der die Argrarproduktion koordinieren sollte, und den

Plan einer Europäischen Verteidigungsgemeinschaft (EVG), über den man in Frankreich geteilter Meinung war (Gaullisten und Kommunisten waren dagegen, die Parteien der Mitte dafür) und den die Westeuropäer nach einer negativen Abstimmung im französischen Parlament im August 1954 schließlich verwarfen.

Wenn die Initiative beim Treffen 1955 im sizilianischen Messina von den Vertretern der »Sechs« wieder aufgenommen wurde, so lag das einmal mehr an den damaligen Umständen. Das rapide Wirtschaftswachstum jener Zeit ließ es den Ländern sinnvoll erscheinen, ihren Handel über den Bereich von Kohle und Stahl hinaus auf eine stabile Basis zu stellen. Das Bruttosozialprodukt der Bundesrepublik hatte sich im Laufe der fünfziger Jahre verdoppelt, und Italiens Exporte allein an die Mitgliedsstaaten der EWG hatten im Zeitraum 1955 bis 1965 fast um die Hälfte zugenommen. Derartige Zuwachsraten zwangen ihren Nutznießern, abgesehen von der Existenz der Montanunion, Maßnahmen zu ihrer Regulierung auf. Der Beschluß über den Gemeinsamen Markt von 1957 war wie sein Vorgänger von 1950 das Resultat neuer Entwicklungen, die es unter Kontrolle zu halten galt, und gleichzeitig ein neues Werkzeug bei der Bewältigung einiger alter Probleme.

Dies wird am besten deutlich, wenn man die Art und Weise betrachtet, in der die Europäer die Frage der Landwirtschaft behandelten.* Die Gemeinsame Agrarpolitik, die die europäischen Richtpreise über denen des Welt-

---

* Die folgenden Ausführungen stützen sich auf Alan Milwards anregende Diskussion zur Frage des Protektionismus in der Agarpolitik im fünften Kapitel seines Buches *The European Rescue of the Nation State* (1992).

marktes hielt und dabei eine Abnahme von Überproduktion zu festgelegten Sätzen garantierte, ist immer schon der kostspieligste Posten in der Politik der Europäischen Gemeinschaft gewesen. In den frühen siebziger Jahren schluckte er 70 Prozent des EWG-Budgets. Allem Anschein nach war dies eine Fehlinvestition von geradezu monströser Unvernunft und ist es nach wie vor: 1980 waren in der Landwirtschaft Italiens lediglich 14 Prozent der arbeitenden Bevölkerung beschäftigt, in Frankreich gar nur 8,7 Prozent und in der Bundesrepublik ganze 5,6 Prozent. Selbst 1960 lag der Anteil der Landwirtschaft am französischen Bruttosozialprodukt nur bei 9 Prozent. Warum also beugte sich der Rest Europas dem von den Franzosen erstmals Mitte der fünfziger Jahre und seither nachhaltig ausgeübten Druck, protektionistische Politik und Preisgarantie für die Landwirtschaft zum wichtigsten Baustein eines gemeinsamen »Europa« zu machen?

Die Antwort darauf ist nicht in der Gegenwart zu suchen, und mit »Europa« hat sie überhaupt nichts zu tun. Seit dem späten 19. Jahrhundert waren West- und Osteuropa gleichermaßen mit ländlicher Übervölkerung konfrontiert. Auch Abwanderung in die Städte und Auswanderung nach Nord- und Südamerika konnte die Lage der europäischen Bauern nicht verbessern; viele von ihnen konnten kaum ihren Lebensunterhalt erwirtschaften. Der Erste Weltkrieg verschlimmerte die Lage weiter, denn die Preise fielen bei den landwirtschaftlichen Erzeugnissen etwa dreimal schneller als bei anderen Gütern. Demokratische Regierungen konnten keine Preiserhöhungen durchsetzen, ohne ihre städtische Wählerschaft zu verärgern, und in der Wirtschaftsflaute der Zwischenkriegszeit fehlten ihnen die Mittel zu umfassenden Subventionsprogrammen. Autoritäre Regime in Spanien, Portugal, Italien und Osteuropa wollten ihre Landwirtschaft durch entsprechende Zwangsmaßnahmen autark erhalten, was allerdings katastrophale Folgen für die jeweilige Wirtschaft hatte. Außerdem machte es die hohe Arbeitslosigkeit in den Städten den finanziell ruinierten oder unterbeschäftigten Bauern unmöglich, dort Arbeit zu finden. In der Folge gaben überall unzufriedene Bauern ihre Stimmen den faschistischen und populistischen Parteien, die ihnen Auswege aus der mißlichen Lage versprachen.

Wir neigen heute dazu zu vergessen, daß dieses Dilemma und die Anfälligkeit der unglücklichen Bauern für faschistisches Gedankengut, von Deutschland bis Bulgarien, das politische und ökonomische Denken der Nachkriegszeit entscheidend mitgeprägt haben. Man sollte sich in Erinnerung zurückrufen, daß im kontinentalen Europa die Bauern auch 1950 noch eine bedeutende Bevölkerungsgruppe waren; sie stellten in Westdeutschland 25 Prozent, in Frankreich 30 Prozent und in Italien sogar 43 Prozent der arbeitenden Bevölkerung. Zudem herrschte unmittelbar nach dem Krieg überall chronischer Mangel an Nahrungsmitteln. Lebensmittelimporte wiederum galt es zu reduzieren, um die kostbaren Devisen (Dollar) zu sparen. 1949 hatten nur Großbritannien, Skandinavien und die Schweiz bei der Erzeugung von Nahrungsmitteln ihren Vorkriegsstand wieder erreicht. Die anderen europäischen Länder ermutigten ihre Bauern nach wie vor, auf dem Land zu bleiben und so viel und so schnell wie möglich zu produzieren, indem sie die Fördermaßnahmen der Kriegszeit weiterlaufen ließen. In Frankreich, Italien und anderswo wurden mittlerweile Reformprogramme ins Leben gerufen, die die Arbeitsbedingungen und Rechte der Bauern und Landarbeiter verbessern sollten. Man hoffte, durch stärkere Vertretung ihrer Interessen die Bauern für eine demokratische Politik gewinnen zu können.

War jedoch die Produktionskrise nach Kriegsende erst einmal überstanden, so hatte die Landwirtschaft mit anderen Problemen zu kämpfen. Wie in früheren Jahrzehnten auch, so stellte sich 1955 vor allem die Frage, wie man die Nahrungsmittelpreise für Landwirte hoch und gleichzeitig für Verbraucher erschwinglich halten konnte. Auf der anderen Seite nahmen die Herstellung von und der Handel mit nichtagrarischen Produkten sprunghaft zu, was die Einkommen von Arbeitern in der Stadt und auf dem Land zusehends auseinanderklaffen ließ. Hinzu kamen neue und effizientere Arbeitsmethoden, die die Erzeugung von Nahrungsmitteln steigerten, obwohl die Zahl der in der Landwirtschaft Beschäftigten kontinuierlich zurückging. All diese Entwicklungen riefen Erinnerungen an die besorgniserregenden Tendenzen der Zwischenkriegsjahre wach.

Reaktion darauf war die Gemeinsame Agrarpolitik des Gemeinsamen Marktes. Seit der Mitte der fünfziger Jahre akzeptierten französische Regierungen aller politischen Schattierungen notgedrungen auch transnationale Aspekte der EWG, weil sie im Gegenzug eine »Europäisierung« der von ihnen favorisierten Protektionspolitik für die Landwirtschaft durchsetzen konnten. Die Holländer schlossen sich ihnen aus eigenen Interessen – vor allem zum Schutz vor dänischer Konkurrenz – an. Auch für Deutschland brachte die Gemeinsame Agrarpolitik, vor allem im Süden, Vorteile. Einmal mehr war dies ein Opfer, das zu bringen sich lohnte. Die Ausweitung der eigenen Absatzmärkte stand auf dem Spiel, denn nur unter diesen Konditionen würde Frankreich sich zu einer gemeinsamen Handelspolitik und zu wachsender europäischer Integration bereitfinden. Das Erstaunliche dabei ist, daß von dieser Gemeinsamen Agrarpolitik selbst in Frankreich nur eine Minderheit profitierte. Sie kam weitgehend den großen Getreide- und Milchbetrieben zugute, während die Produzenten und Vertreiber von Oliven, Gemüse und Wein in Frankreich, Italien und anderswo kaum etwas davon hatten.

Die Gemeinsame Agrarpolitik war zuförderst ein politisches und wirtschaftliches Instrument. Was die Wählerstimmen anbelangte, so verlor sie allerdings bald an Bedeutung. Während der fünfziger und sechziger Jahre ging die bäuerliche Bevölkerung in Europa stetig und drastisch zurück, eine Tendenz, die nur kurzfristig durch die Angliederung von Spanien, Portugal und zwanzig Jahre später von Griechenland verlangsamt wurde. Wären die französischen Politiker also nur auf Stimmen aus gewesen, so hätten sie sich die Mühe und die Kosten einer solchen Politik sparen können. Aber gerade weil in Frankreich jene Bevölkerungsgruppe, die einst so bestimmend gewesen war, nun rapide abnahm, umgab man sie mit dem kompensatorischen Mythos von ihrer tragenden kulturellen Rolle, dem französischen Äquivalent zur deutschen »Heimat«. Demographische Tatsachen und wirtschaftliches Kalkül zählten nichts gegenüber dem machtvollen Glauben, daß dieses im Schwinden begriffene ländliche Gemeinwesen erhaltens- und schützenswert sei. In Verbindung mit den Erinnerungen an den bäuerlichen Unmut früherer Dekaden garantierte dieser Glaube bis in unsere Tage den Fortbestand von enorm kostspieligen Subventionsprogrammen, die in völligem Widerspruch zur sonstigen Stoßrichtung europäischer Wirtschaftspolitik und in keinerlei Verhältnis zur Größenordnung der von ihnen profitierenden Wählerschaft standen.

In mancher Hinsicht kann diese Agrarpolitik als Metapher für das gesamte Unternehmen »Europa« stehen. Dieses zufällige Ergebnis einer Summe wirtschaftlicher, nationaler und wahltaktischer Einzelinteressen war durch die Umstände bedingt und durch Wohlstand ermöglicht worden. Erst nachdem es bereits existierte, wurde es in den weitergesteckten argumentativen Rahmen eines Zusammenschlusses der europäischen Nationen gestellt. Wäre letzteres der wahre und ursprüngliche Beweggrund gewesen, so hätte man eine derartige Politik möglicherweise gar nicht erst mit Europa in Verbindung gebracht.

Dasselbe gilt für das nächste Stadium des gemeinsamen europäischen Vorgehens. Von 1951 bis zur Unterzeichnung der Römischen Verträge und der Realisierung eines Gemeinsamen Marktes 1957 und weiter bis zur Zollunion von 1968; vom Beschluß zur Erweiterung der Union auf dem Gipfel in Den Haag 1969 über die Einheitliche Europäische Akte 1985 zum Vertrag von Maastricht 1991, der formal die »Europäische Union« erklärte. Bis hierher und darüber hinaus folgt die Geschichte der in der Präambel zu den Römischen Verträgen postulierten »immer enger sich zusammenschließenden Union« einem durchgängigen Muster: Da die gegenseitigen wirtschaftlichen Vorteile, ob tatsächlich oder nur in der Vorstellung, häufig in keinem Verhältnis zu dem großen formalen Aufwand ihrer Festschreibung standen, berief man sich auf eine Art ontologischer Ethik der politischen Einheit, der man dann im Rückblick das bisher Erreichte zuschreiben und in deren Namen man

Schritte zu einer weiteren Integration unternehmen konnte. Unweigerlich fällt einem dabei Santayanas Definition von Fanatismus ein: Hast du dein Ziel aus dem Auge verloren, so verdopple deine Anstrengungen.

Hinterfragt man die zunehmend bombastische und anachronistische Art und Weise, in der sich die Europäische Union selbst darstellt, so schmälert man damit nicht ihre Errungenschaften. Der erstaunliche Wiederaufbau und der daraus resultierende Wohlstand Westeuropas verdanken sich, besonders in jenen Teilen, die sich der Union angeschlossen haben, in großem Maße den verschiedenen internationalen Übereinkünften und Abkommen, die ihre Mitglieder untereinander geschlossen haben. Mit ihrer Hilfe hat man eine Wiederholung der Katastrophen der Zwischenkriegszeit verhindern können. Dies ist ein in der modernen europäischen Nachkriegsgeschichte einzigartiger Erfolg; doch das gerade ist, so möchte ich behaupten, der Punkt. Die Bedingungen unter denen Westeuropa aus der Taufe gehoben wurde, sind mit Sicherheit einzigartig und unwiederholbar. Daher ist es eine Illusion, dieses Europa in alle Ewigkeit fortschreiben zu wollen, wie wertvoll und gutgemeint die Beweggründe dazu auch immer erscheinen mögen. Um dies deutlich zu machen, müssen wir uns eingehender mit den Umständen seiner Entstehung befassen.

Vier Aspekte der europäischen Konstellation nach der Niederlage Hitlers haben diese speziellen Entstehungsbedingungen herbeigeführt. Der erste ist in den unmittelbaren Folgen nach Ausbruch des Weltkrieges zu suchen. Sowohl die angreifenden wie die besetzten Staaten mußten während dieser Zeit ihre Bevölkerung und ihre Ressourcen in bislang ungeahntem Maße mobilisieren. Die Deutschen investierten kräftig in ihre eigene Rüstungsindustrie. Teile davon – vor allem im Bereich der Metallverarbeitung – überstanden den Krieg erstaunlich unbeschadet und sollten eine wichtige Rolle beim späteren Wirtschaftsaufschwung spielen. In einigen besetzten Ländern wie Belgien oder der Tschechoslowakei stimulierte die deutsche Militärpräsenz sogar die Produktion und verhinderte den Ausbruch von Arbeitskämpfen, was zu Gewinnakkumulation führte und erste Impulse zur Modernisierung in der Nachkriegszeit gab. Und in allen Gesellschaften bereitete die straffe Kriegsorganisation eine breitere Akzeptanz staatlicher Einmischung sowohl in der sozialen Wohlfahrt wie in der Wirtschaft auch für Friedenszeiten vor. Um mit Michael Howard zu sprechen, »Krieg und Volkswohl gingen Hand in Hand.«[*]

Von dieser Annahme einer zentralistischen Wirtschafts- und Sozialplanung gingen mehr oder minder alle wichtigen politischen Gruppierungen aller europäischen Staaten aus, was den nationalen wie auch den internationalen Wiederaufbau nach dem Krieg enorm erleichtert hat. »Wir sind jetzt alle zu Planern geworden«, hat eine der bedeutendsten Stimmen bei der Wirtschaftsplanung von 1949 geschrieben.[**] Die Tatsache, daß damals alle europäischen Staaten derartige planerische Maßnahmen ergriffen, machte die Idee ihrer teilweisen Zusammenführung in multinationalen Kontrollinstanzen leichter eingängig. Am Ende des Ersten Weltkriegs wären solche Erwägungen noch völlig undenkbar gewesen.

Am Ende des Zweiten Weltkriegs standen die Staaten untereinander zerstritten, aber letztlich alle als Verlierer da. Somit teilte der europäische Kontinent die dauerhafte

[*] Michael Howard, *The Lesson of History* (London 1987), S. 127.
[**] Siehe E. F. M. Durbin, *Problems of Economic Planning* (1949).

Erfahrung von Krieg, Bürgerkrieg, Besatzung und Niederlage. Trotz der unermeßlichen Menschenopfer, die der Erste Weltkrieg gefordert hatte, war nach 1945 das allgemeine Bewußtsein einer gemeinsamen Erfahrung von Konflikt und Zerstörung größer. In der Folge wurden die Europäer allesamt zu »Defätisten«; sie weigerten sich nicht nur, gegeneinander zu kämpfen, sie verweigerten auch ihre Zustimmung dazu, sich überhaupt wieder in Kämpfe verwickeln zu lassen.

Diese Haltung war keineswegs verwunderlich. 1945 hatte Österreich – angefangen mit Metternich – sechs Kriege hintereinander verloren. Frankreich hatte in der Spanne eines Menschenlebens drei kostspielige und auszehrende Kriege geführt, aus denen es immer ärmer und geschwächter hervorgegangen war. Belgien war innerhalb von dreißig Jahren zweimal besiegt und besetzt worden. Es ist bezeichnend, daß seit 1945 die Mehrheit der westeuropäischen Bevölkerung in Meinungsumfragen wenig Vertrauen in die jeweilige Landesverteidigung zum Ausdruck brachte, sich gegen hohe Militärausgaben aussprach und militärische Potenz nicht mit nationaler Größe gleichsetzte. Eine Ausnahme bilden allein Großbritannien und Finnland. Sie sind die einzigen westeuropäischen Staaten, deren Militär mit unbeschadetem Ruf aus dem Zweiten Weltkrieg hervorging.

Das gemeinsame Erlebnis der Niederlage bringt uns auf eine andere europaweite Kriegserfahrung, nämlich die Existenz von Erinnerungen, die man besser vergessen möchte (auch in dieser Hinsicht sind Engländer und Finnen glückliche Ausnahmen). Günter Grass hat auf die Ironie der Geschichte hingewiesen, die Deutschland nach 1945 auch gewisse Vorteile verschaffte: In der unmittelbaren Vergangenheit gab es nichts, worauf es hätte stolz sein können, und das kulturelle und politische Erbe lag in Schutt und Asche. Man konnte also die unbequemen Erinnerungen verdrängen und sich ganz auf den Neuanfang konzentrieren. In gewissem Maße kann dies auch für seine Opfer gelten. Trotz oder gerade wegen der bewußt stilisierten Mythen vom kollektiven Widerstand gegenüber eigener sowie fremder Unterdrückung hatten auch die Holländer, Franzosen, Italiener und andere gute Gründe, ihre jüngste Geschichte zu ignorieren und ganz neu zu beginnen. Die Begeisterung, mit der man in der Vergangenheit nationale und militärische Errungenschaften gefeiert hatte, erschien jetzt unpassend und wurde unterdrückt; man richtete sein Augenmerk statt dessen vor allem auf soziale und wirtschaftliche Angelegenheiten.

Das letzte Geschenk, mit dem Hitler und seine Kollaborateure Europa bedachten, war die Unmöglichkeit, hinfort Trost aus der Vergangenheit zu schöpfen. Ganz anders dagegen die Stimmung nach dem Ersten Weltkrieg: 1918 war die allgemeine Erschöpfung und der Wunsch, künftige Kriege zu vermeiden, untermischt mit dem weitverbreiteten Bedürfnis, die Selbstgewißheit und Sicherheit der Vorkriegsjahre wieder zurückzugewinnen. Am Ende des zweiten Krieges war bei den Europäern keine derartige Nostalgie für die dreißiger Jahre zu spüren.

Der zweite Aspekt, der nach dem Krieg zum Entstehen »Europas« beitrug, war der Beginn des Kalten Krieges. Seit 1947 war den meisten führenden europäischen Politikern klar, daß von der Sowjetunion eine reale und unmittelbare Bedrohung auf den Osten Europas ausging und daß die Staaten Westeuropas, schon im Interesse ihrer eigenen Sicherheit, eine Art von Bündnis untereinander und mit den Vereinigten Staaten würden eingehen müssen. Die Engländer, hier vor allem der von 1945 bis 1950 als Außenminister amtierende Ernest Bevin, waren die ersten, die dies erkannten, die Franzosen die letzten. Doch abgesehen von einigen wenigen Intellektuellen glaubte in Westeuropa niemand, daß sich zwischen der Sowjetunion und dem westlichen Bündnis ein dritter Weg auftun könnte. Im Februar 1948 inszenierte die Kommunistische Partei in der Tschechoslowakei einen unblutigen Aufstand und übernahm damit die Macht im letzten noch außerhalb sowjetischer Kontrolle verbliebenen Land Ostmitteleuropas. Der Schock von Prag in Verbindung mit kommunistisch geschürten sozialen Unruhen in Frankreich und Italien lieferte weitere Argumentationshilfen für westeuropäische Politiker und führte zu einem Abbau des tiefsitzenden europäischen Mißtrauens gegen die amerikanische Macht und die Motive ihrer Außenpolitik.

Eine andere mögliche Folge dieser neuerlichen Kriegsgefahr hätte auch die Wiederbewaffnung sein können. Doch zu einer Zeit, als Westeuropa gerade erst begonnen hatte, seine Wirtschaft zu konsolidieren, wäre ein solcher Schritt wirtschaftlich und politisch fatal gewesen (die vergleichsweise schwache Rezession, die die verstärkten Militärausgaben während des Korea-Krieges mit sich brachten, macht deutlich, was hätte passieren können). Es war das gewaltige Engagement der Amerikaner in Form von verstärkter militärischer Präsenz und direkter Wirtschaftshilfe mittels des Marshall-Plans, das den Westeuropäern schließlich die Quadratur des Kreises ermöglichte: Der Kalte Krieg zwang ihnen ein großes Maß an Einheit und Zusammenarbeit auf, ersparte ihnen aber die damit verbundenen militärischen Ausgaben. Statt dessen wurden bei wachsendem Wohlstand die Verteidigungshaushalte drastisch zurückgenommen. 1953 machten die Verteidigungsausgaben in Frankreich und Großbritannien noch 11 Prozent des Bruttosozialprodukts aus, und in Italien und der Bundesrepublik waren es 5 Prozent. 1970 dagegen waren es in Großbritannien nur noch 5 Prozent, in Frankreich 4 Prozent und etwa 3 Prozent in Deutschland und Italien.*

Die alten Kriegsbündnisse zwischen den Vereinigten Staaten, Großbritannien und der Sowjetunion zerbrachen, und statt dessen bildeten sich in Europa zwei feindliche Blöcke heraus. Auch dies beförderte eine Entwicklung, die zuvor undenkbar gewesen wäre, nämlich die schnelle und unumstrittene Einbindung Westdeutschlands in die westeuropäische Staatengemeinschaft. Die Briten konnten sich die Kosten, die in ihrer zerstörten deutschen Besatzungszone anfielen, nicht leisten. Die Vereinigten Staaten ihrerseits sahen für die Deutschen die Rolle eines reichen und loyalen Partners in der westlichen Allianz vor. Dies führte dazu, daß die Fehler von 1919 wie durch ein Wunder vermieden wurden, auch wenn es nach 1945 noch bessere Gründe gegeben hätte als nach dem Krieg von 1914-18, Deutschland zum Paria zu erklären. Von den Kriegsverbrechen, deren es sich diesmal schuldig gemacht hatte, hätte der arme Kaiser nicht einmal zu träumen gewagt. Die Deutschen

---

* Aus der Perspektive nach 1989 und mit typisch antiamerikanischem Vorurteil gesehen, räumt ein ehemaliger französischer Außenminister ein: »Rangée dans un camp, en étroite tutelle des États-Unis, reçevant ses instructions et venant au rapport, elle [Europe; T. J.] s'était rassurée de tout, à force d'être irresponsable. Aujourd'hui, elle commence à regretter ce bon temps du sans-souci.« Michel Jobet, in *Le Monde*, 10. August 1991.

auf beiden Seiten der Demarkationslinie hatten es dem Kalten Krieg zu verdanken, daß sie ohne weitere Diskriminierungen in ihre jeweiligen europäischen Hemisphären eingegliedert wurden.*

Hatten Krieg und Kalter Krieg den europäischen Staatsmännern die politischen Strategien an die Hand gegeben, so war es die katastrophale Verfassung der Nachkriegswirtschaft auf dem Kontinent, die dem nachfolgenden Boom seine besondere Qualität verlieh. Gleich dreifach war die Entwicklung der europäischen Wirtschaft in der ersten Hälfte des 20. Jahrhunderts verzögert und behindert gewesen; da waren der Erste Weltkrieg, die Stagnation und Fehlplanung in den Zwischenkriegsjahren und schließlich ein weiterer Krieg. Die Waffen aus den Rüstungsbetrieben der Nazis fügten der Wirtschaft letztlich weit mehr Schaden zu, als die damit verbundenen Investitionen ihr nutzten. Nach den Malthusschen Praktiken, die Handel und Industrie zwischen den Kriegen bestimmt hatten, nach all den verpaßten Gelegenheiten zu Aufbau und Modernisierung und nach der Zerstörung von Industrieanlagen und Verkehrsverbindungen konnte Westeuropa nach 1945 endlich aufholen, und zwar nicht etwa im Vergleich zu den

---

* Der Morgenthau-Plan, benannt nach Finanzminister Henry Morgenthau Jr., der Deutschland nach dem Krieg in ein großes Agrarland verwandeln sollte, war von der amerikanischen Außenpolitik niemals ernsthaft ins Auge gefaßt worden. Natürlich gab es sowohl in den USA wie auch innerhalb Westdeutschlands Debatten über die Form eines neuen deutschen Staates und die Frage der Entnazifizierung seiner politischen Führungsschicht. Doch der Kalte Krieg hat alternative Stategien bereits im Vorfeld wirksam verhindert, indem er einen verläßlichen und freundschaftlichen Verbündeten im zukünftigen Kampf gegen die Sowjetunion nötig machte.

Jahren 1939, 1929 oder 1918, sondern vom Stand von 1913 aus gesehen.

Um nur ein Beispiel zu nennen: In Frankreich waren Industriemaschinen zur Zeit der Befreiung durchschnittlich zwanzig Jahre alt.

Es bedeutete eine Belastung, aber auch eine Chance, diesen gewaltigen Rückstand aufzuholen. Das Verdienst, diese Gelegenheit ergriffen zu haben, gebührt zweifellos den Wirtschaftsexperten und -planern – Männern wie Robert Marjolin, der vor dem Krieg mit Jean Monnet zusammengearbeitet hatte, bevor er in die Verwaltung der Europäischen Gemeinschaft aufstieg. Viele von ihnen hatten bereits seit dem Einsetzen der Depression ungeduldig auf eine solche Chance gewartet. Besonders schnell hat sich dann die Bundesrepublik Deutschland wirtschaftlich erholt. Hier war ein rascher Wiederaufbau auch deshalb so wichtig, weil die anderen westeuropäischen Staaten davon abhängig waren. Im letzten Quartal 1949 hatte der westliche Teil Deutschlands bereits sein Produktionsniveau von 1936 erreicht und es ein Jahr später um 30 Prozent überschritten.

Noch aufschlußreicher sind die Handelsbilanzen der Bundesrepublik; sie waren 1949 mit den westeuropäischen Nachbarländern dank des Exports von Rohstoffen, vor allem von Kohle, ausgeglichen. Doch schon ein Jahr später war die Bilanz negativ; man verarbeitete die eigenen Rohstoffe selber. 1951 war der erste große Handelsüberschuß, der danach für die deutsche Wirtschaft charakteristisch war, zu verzeichnen. Nun beruhte er allerdings erstmals auf Fertigprodukten. Die anderen Partner folgten nach und nach dem deutschen Beispiel.

Das »Wirtschaftswunder« ermöglichte auch die seit mehr als einer Generation notgedrungen vernachlässigten sozialen und wirtschaftlichen Reformen. Vor dem Krieg hatten (männliche) Bauern und Arbeiter außer dem Wahlrecht keine weiteren Rechte; ein Zustand, der viel zur Polarisierung der politischen Landschaft in den dreißiger Jahren beigetragen hatte. Nach 1945 verbesserte sich die Lage; Mietrecht, staatliche Altersversorgung, Kranken- und Unfallversicherung, gewerkschaftlich garantierte Rechte sowie bezahlter Urlaub und Sozialwohnungen wurden gesetzlich verankert. Endlich konnte Westeuropa im Bereich der sozialen Wohlfahrt auf jene Grundsteine aufbauen, die durch politische und juristische Reformen bereits im vorigen Jahrhundert gelegt worden waren. Ergebnisse zeigten sich zwar meist erst Mitte der fünfziger Jahre, als der Kontinent über ausreichende Mittel für derartige Maßnahmen verfügte, doch der Lohn dafür war die bisher längste Phase relativen sozialen Friedens und politischer Stabilität.

Im Zusammenhang mit diesen sozialen Reformen und der damit verbundenen wirtschaftlichen Modernisierung, erlebte Europa schließlich eine zweite, abschließende Agrarrevolution. Man schätzt, daß dieselbe landwirtschaftliche Arbeitseinheit, die um 1900 fünf Personen ernährte, 1950 lediglich eine mehr ernähren konnte. Das heißt, daß in der ersten Hälfte des 20. Jahrhunderts praktisch keine Produktivitätssteigerung in der Landwirtschaft zu verzeichnen gewesen war. 1980 jedoch konnten dann ganze fünfunddreißig Personen ihren Lebensunterhalt aus einer solchen Arbeitseinheit erwirtschaften. Die Folgen dieser Veränderung waren enorm – und sie wären noch weitreichender gewesen, hätten sich die Westeuropäer nicht dafür entschieden, überhöhte Lebensmittelpreise zur Erhaltung ihrer im Schwinden begriffenen Bauernschaft in Kauf zu nehmen. Noch 1945 hatten die meisten Westeuropäer die Hälfte und mehr ihres Einkommens für Essen, Getränke und Tabak ausgeben müssen (eine Ausnahme machten nur die Holländer und Skandinavier, die weniger verbrauchten), während sie 1980 nur noch weniger als ein Viertel für diese Güter ausgaben und besser dabei lebten.

Bei diesen Veränderungen handelt es sich um einmalige und unwiederholbare Vorgänge. Wahrscheinlich wird Westeuropa nie wieder dreißig Jahre wirtschaftlicher Stagnation oder ein halbes Jahrhundert landwirtschaftlicher Depression aufzuholen haben und nach einem zerstörerischen Krieg neu anfangen müssen. Ebensowenig wird es aber auch zu der dazu nötigen Zusammenarbeit gezwungen, noch durch kommunistische Bedrohung und amerikanische Unterstützung gleichermaßen auf Zusammenhalt angewiesen sein. Im Guten wie im Schlechten waren die Umstände nach dem Krieg also einzigartig. Sie haben dem Wohlstand im Westeuropa der fünfziger Jahre den Weg bereitet, eine glückliche Fügung, wie sie wohl keinem so schnell wieder zuteil werden wird.

In welchem Ausmaß hat dieser Wandlungsprozeß in den Jahrzehnten nach dem Krieg den Status Westeuropas in der Welt verändert? Eines zumindest steht fest: Wäre der Wiederaufbau Europas nicht gelungen, so hätte dies verhängnisvolle Folgen gehabt. 1946 waren die Aussichten nicht gerade vielversprechend. Janet Flanner, eine zugegebenermaßen eher kapriziöse Beobachterin, schrieb im Oktober jenes Jahres über die Europäer, »sie näherten sich allmählich einer neuen Eiszeit«.* Doch was genau

---

* Drei Jahre später, im Sommer 1949, schrieb sie von ebendiesem Europa, daß es »ein großer, vergnüglicher, Geld scheffelnder und Geld ausgebender Tummelplatz sei«. In beiden Fällen lag sie falsch.

bewirkten das wiedergewonnene Selbstvertrauen und die wirtschaftliche Erneuerung, die daraus hervorging? Sie führten zu einem großen und dauerhaften Ausbau des europäischen Binnenhandels, will sagen, die Westeuropäer machten sich gegenseitig reich, indem sie miteinander Handel trieben. Doch damit hatten die Westeuropäer lediglich den Stand von 1913 wiedererlangt, als 60 Prozent des europäischen Handels innerhalb Europas abgewickelt worden waren. Wahrscheinlich ist die europäische Vernetzung durch Handel und Kapitalfluß zwischen 1850 und 1913 ohnehin größer gewesen, als die Errungenschaften der Europäischen Wirtschaftsgemeinschaft es in dieser Hinsicht bis vor kurzem waren.

Was aber Einfuhr und Ausfuhr (in Prozent des Bruttosozialprodukts) anbelangt, so haben die westeuropäischen Staaten trotz der Unterstützung durch Marshall-Plan, GATT, OECD, EFTA und EWG den Standard von 1913 bis in die Mitte der siebziger Jahre nicht wieder erreichen können. Bis dahin waren sie zu beschäftigt damit, den rapiden Verfall ihres Außenhandels in den Jahren zuvor wettzumachen. Gleichzeitig darf es uns nicht erstaunen, daß Großbritanniens Beitrag zu Westeuropas weltweitem Export produzierter Güter von 1919 22,4 Prozent auf nur 9,7 Prozent im Jahr 1980 abfiel. Das, so heißt es, sei die Strafe, die Großbritannien zahlen mußte, weil es dem europäischen Club nicht beitrat. Doch auch Frankreich mußte einen Rückgang hinnehmen. Dort sank der entsprechende Anteil im gleichen Zeitraum von 10,9 Prozent auf 10 Prozent. Die Bundesrepublik hat vergleichbare Zahlen vorzuweisen: von 20 Prozent 1929 auf 19,9 Prozent 1980 (im Gegensatz dazu stieg der Anteil in Japan im gleichen Zeitraum um 400 Prozent). Man könnte daraus mit einigem Recht folgern, daß die EWG es ihren Mitgliedsstaaten ermöglichte, verlorenes Terrain zurückzuerobern, während es den anderen nie gelang, ihren früheren Status wiederzuerlangen.

Es war also eines der großen Verdienste der Europäischen Gemeinschaft, ihre Mitglieder wieder mehr oder weniger zu dem gemacht zu haben, was sie einmal gewesen waren. Unter den gegebenen Umständen war das eine beachtliche Errungenschaft, ihre Bedeutung sollte aber dennoch nicht falsch eingeschätzt werden. Wenn Westeuropa in der Phase seines schnellsten Wachstums und seines größten Wohlstandes nichts weiter tat als »aufzuholen«, dann können seine langfristigen Perspektiven in Zeiten langsameren Wachstums nicht gerade vielversprechend sein. Außerdem kosteten diese schnellen wirtschaftlichen Veränderungen und die große Bedeutung, die ihnen beigemessen wurde, ihren Preis. In allen größeren Nationen Westeuropas ist trotz der Phase der Stabilität und des Wohlstandes, durch die sie gegangen sind, eine gemeinsame Tendenz zur Unzufriedenheit spürbar, ein Gefühl, die Verheißungen und Chancen der Nachkriegsjahre irgendwie vertan zu haben.

Diese Enttäuschung äußert sich in jedem Land ein wenig anders.

In Frankreich und Italien vergeudeten die politischen Koalitionen, die noch aus den Zeiten des Widerstands stammten, ihr Kapital an gutem Willen und radikalen Versprechungen, zerstritten sich und brachen schließlich auseinander. In Italien führte das zum Machtmonopol der Christdemokraten und bei den Bürgern zu wachsendem Mißtrauen gegenüber den Praktiken einer demokratischen Politik. In Frankreich wurde der Optimismus der Nachkriegszeit abgelöst von Unzufriedenheit über politischen Aktionismus und persönliche Abrechnun-

gen, die den parlamentarischen Umgang zunehmend bestimmten. Um es mit Albert Camus zu sagen: In Frankreich war der Traum von einer moralischen Umwälzung,
von der Erneuerung der Nachkriegsgesellschaft nicht
nur gescheitert, sondern war »in Verruf geraten«. Das
Ergebnis war ein Nebeneinander von bewundernswer-
ten Wirtschaftserfolgen auf der einen und chronischer
politischer Instabilität und zunehmender Sensibilisie-
rung für Korruption und öffentliche Ernüchterung auf
der anderen Seite.

In Großbritannien waren seit dem Sieg von Attlees
Labour Party 1945 die daran geknüpften Erwartungen
auf ein »Neues Jerusalem« mal stärker, mal schwächer.
Vor allem im Gesundheitswesen und bei den Bildungs-
einrichtungen wurde so manches erreicht; aber ebenso
deutlich waren die Defizite, ganz besonders in der öffentlichen Intrastruktur (Verkehr, Straßen- und Wohnungsbau, Dienstleitungssektor) und im Bereich der
Wirtschafts- und Städteplanung. In gewisser Weise hat
sich das viktorianische England bis in die Mitte der fünfziger Jahre bewahrt, um dann unmittelbar vom »swin-
ging London« abgelöst zu werden. In Deutschland hatte
das ausschließliche Interesse, mit dem man sich dort dem
wirtschaftlichen Wiederaufbau widmete, einen anästhe-
sierenden Effekt auf das öffentliche Bewußtsein, den der
Vorsitzende der bayerischen Christlich Sozialen Union,
Franz-Josef Strauß, 1969 ebenso unverzeihlich wie treffend zusammengefaßt hat: »Ein Volk, das ein solches
Wirtschaftswunder zustande gebracht hat«, erklärte er
seinem Publikum, »hat ein Recht darauf, nichts mehr von
Auschwitz hören zu müssen.«

Statt »mehr über Auschwitz zu hören«, ergingen sich
Westeuropa und seine Wortführer in Lobpreisungen

ihrer eigenen wirtschaftlichen Leistungen. 1960 sprach die OECD von einer grenzenlosen Zukunft dauerhafter Wachstumsraten. Ein Jahrzehnt später fielen die Prognosen bereits etwas bescheidener aus, doch versprach man sich mittelfristig immerhin ein jährliches durchschnittliches Wachstum von 5 Prozent und mehr. Bezeichnend ist, daß sich die Verfasser der Einheitlichen Europäischen Akte von 1985, die den schnellen Abbau aller internen Schranken und die möglichst schnelle Verwirklichung eines gemeinsamen Binnenmarktes festschreibt, sich nach wie vor auf »Wachstum« als gemeinsames Ziel und verbindende Ideologie der zukünftigen europäischen Integration berufen. Die Westeuropäer wurden eingeladen in die Phantasiewelt eines Saint-Simon, die Gemeinschaft der *industriels*, deren einziges gemeinsames Glaubensbekenntnis in der Schaffung und Umverteilung von Reichtum besteht.

Der große Wirtschaftsaufschwung Europas und die Illusionen in seinem Kielwasser verdanken sich den spezifischen Gegebenheiten der Nachkriegszeit. Hierzu zählt vor allem der Marshall-Plan, in dem sich der große amerikanische Reichtum mit der Bereitschaft der Regierung Truman zusammenfand, ihn in ein Programm von Krediten, Beihilfen und Schenkungen zu investieren. Die tatsächliche Unterstützung aus dem Marshall-Plan belief sich im Zeitraum zwischen 1948 und 1952 auf 13 Milliarden Dollar. Sie war Teil eines umfassenden amerikanischen Hilfskonzepts, das Europa in den zehn Jahren nach dem Krieg insgesamt 24,8 Milliarden Dollar zukommen ließ (davon erhielt Großbritannien 6,9 Milliarden, Frankreich 5,5 Milliarden, die Bundesrepublik 3,9 Milliarden und Italien 2,9 Milliarden).

Über die genaue Bedeutung dieser Unterstützung für

Westeuropa sind die Meinungen geteilt. Manche Forscher behaupten, Europa hätte ohnehin »zum Sprung angesetzt«, nur wäre der Prozeß dann langsamer vonstatten gegangen. Auch die europäische Krise von 1947, als der Kontinent nicht mehr in der Lage war, die lebensnotwendigsten Importe zu finanzieren, was letztlich die Marshall-Hilfe auf den Plan rief, sehen diese Forscher als Krise des Wachstums: Ein steigender Bedarf an Rohstoffen traf auf einen Mangel der zu ihrem Erwerb nötigen Dollardevisen. Plausibler erscheint die Ansicht, daß die wirtschaftliche Konsolidierung den Nachkriegsregierungen eine Reihe von unpopulären Entscheidungen abverlangt hätte – so zum Beispiel die Frage, ob man stärker in Modernisierung oder in Konsumption investieren solle –, was zu starken politischen und sozialen Unruhen geführt hätte, wenn amerikanischen Hilfe die Lage nicht entschärft hätte. Unter diesen Umständen versetzte der Marshall-Plan die Westeuropäer in die einzigartig glückliche Lage, Rohstoffe einführen, in die öffentliche Infrastruktur investieren und den Stand ihrer Einnahmen und Inlandsausgaben nicht nur halten, sondern steigern zu können. Gleichzeitig konnte die Arbeitslosigkeit auf einem historischen Tiefststand und die Inflation unter Kontrolle gehalten werden.

Zwei weitere Faktoren trugen zu Westeuropas scheinbar erfolgreicher Überwindung jener zyklischen Krisen bei, wie sie typisch für kapitalistische Wirtschaften sind. Akuter Arbeitskräftemangel, der erst Mitte der sechziger Jahre durch die erste »Baby-Boom«-Generation gemildert wurde, konnte durch den Import billiger und gefügiger Arbeitskräfte ausgeglichen werden. Man holte sie aus den britischen, französischen und holländischen Kolonien, aus den Mittelmeerländern und im Falle

Norditaliens aus dem eigenen unterentwickelten Süden. Deutschland kamen darüber hinaus die mehr als zehn Millionen Flüchtlinge zugute, die aus Ostpreußen, Polen, der Tschechoslowakei, Jugoslawien und all den anderen Ländern und Gebieten kamen, in denen über Jahrhunderte hinweg Deutsche gelebt hatten und nach der Befreiung vertrieben worden waren. Die Last der Unterstützung dieser Flüchtlinge – und die damit verbundene Nahrung für ihre revanchistischen Phantasien – wurde mehr als wettgemacht durch die Fähigkeiten und Kräfte, die sie einer Gesellschaft zuführten, deren expandierende Wirtschaft jeden verfügbaren Arbeiter dringend benötigte.

Daß das Westeuropa der Nachkriegszeit einen so großen Bedarf an Arbeitskräften hatte und sie so bereitwillig eingliederte, ist Indiz dafür, daß seine Volkswirtschaften – wie so vieles andere auf dem Kontinent – bis in die sechziger Jahre unter dem Einfluß der Industriegesellschaften des vorigen Jahrhunderts verharrten. Am besten illustriert dies der dritte wichtige Faktor dieser wirtschaftlichen Erfolgsgeschichte, nämlich die Kohle. Vor dem Krieg deckte sie 90 Prozent des gesamten heimischen wie industriellen Energiebedarfs in Frankreich, Deutschland, Großbritannien und den Benelux-Staaten. 1950, fünf Jahre nach dem Krieg, befriedigte die Kohle immerhin noch 82 Prozent des *primären* Energiebedarfs in den sechs Mitgliedsstaaten der Montanunion (Frankreich, Italien, Westdeutschland, die Niederlande, Belgien und Luxemburg). Eine Übereinkunft über Förderung und Verteilung dieses lebenswichtigen Rohstoffes war also Kernstück einer Wiederbelebung der Produktivkräfte auf dem Kontinent. Kohle war *der* europäische Rohstoff, leicht verfügbar und relativ billig zu fördern (die dazu nötigen Anfangsinvestitionen waren ja schon viele Jahre zuvor getätigt worden). Im Europa der fünfziger Jahre wurde Stahl mit Hilfe von Kohle hergestellt; die Züge, die sie von der Zeche zum Hochofen, von der Grube zu den Herden brachten, fuhren mit kohlegetriebenen Motoren, und die Mehrzahl der Haushalte brauchte Kohle, wenn auch kaum noch zum Kochen, so doch zum Heizen. Über den großen Städten Westeuropas, allen voran London, lag daher ein dauerhafter Dunstschleier aus Kohlestaub, der sich jederzeit zu einem beklemmenden Smog verdichten konnte. Entsprechend galten die Männer, die diesen kostbaren Rohstoff förderten, damals noch als die stolze Aristokratie der traditionellen Arbeiterschaft.

1960 war die Abhängigkeit der westeuropäischen Industrie von der Kohle bereits auf 48 Prozent gesunken und sollte im kommenden Jahrzehnt noch weiter fallen. In den ersten fünfzehn Jahren nach dem Krieg jedoch blieben Europa die politischen und sozialen Folgen dieser dramatischen Veränderung noch erspart. Mehr noch, ohne die entscheidende Rolle, die die Kohle in den jeweiligen Volkswirtschaften spielte und weiter spielen würde, hätte der stärkste Impuls für diese Staaten, sich zu einer internationalen Wirtschaftsgemeinschaft zusammenzuschließen, gefehlt. Auch die gemeinsame politische Ausrichtung mag sich positiv ausgewirkt haben – alle Außenminister der sechs Unterzeichnerstaaten der ursprünglichen Gemeinschaft für Kohle und Stahl waren Christdemokraten –, aber letztlich blieben die Erfordernisse der heimischen Volkswirtschaften die eigentliche Triebfeder des europäischen Vorhabens.

Aber mehr noch als Kohle, Arbeitskraft und Dollars trieben glückliche Umstände die europäische Einigung

voran: Das Glück, unter den sechs Gründungsmitglie-
dern fünf der tatsächlich oder potentiell reichsten Nationen zu haben; ferner die Möglichkeit, die Erweiterung
der Gemeinschaft um drei Mitglieder bis 1973, die Aufnahme der ärmeren Mittelmeerländer gar bis in die achtziger Jahre hinausschieben zu können; und schließlich
der eigenartige, aber entscheidende Vorteil, daß zwischen 1951 und 1989 die Notwendigkeit zur Aufnahme
noch ärmerer Länder im Osten schlichtweg nicht bestand. All dies hatte sich die Gemeinschaft nicht ausge-
sucht oder gar offiziell beschlossen, es war ihr zugefallen.
Im Gegenteil, es unterschied *diese* Handelspartnerschaft
von allen vorherigen Versuchen, daß sie sich zu ihren
expansionistischen Zukunftsplänen bekannte. Die Europäische Gemeinschaft und ihre Nachfolgeorganisatio-
nen gaben immer zu erkennen, daß den Interessen ihrer
Mitglieder am besten gedient sei, wenn die eigenen Regeln und Vorteile auf andere ausgedehnt würden.

Der Gründungsmythos des modernen Europa besteht
darin, daß die Europäische Gemeinschaft Kern einer
weitreichenden, pan-europäischen Perspektive ist. Ohne
diesen Mythos wären die einzelnen Maßnahmen, denen
sich dieses »Europa« verdankt – der Marshall-Plan, die
Montanunion, Wirtschaftsplanung, die OECD, der
Wohlfahrtsstaat, die gemeinsame Agrarpolitik und dergleichen, selbst der Europäische Gerichtshof –, nichts
weiter als praktische Lösungen für spezifische Probleme
geblieben. So gesehen schufen sie die notwendigen Voraussetzungen für den Aufbau Europas, für sich genommen aber waren sie ungenügend. Das ansonsten so
selbstzufriedene, selbstgenügsame und eigennützige
»Europa« mit Zentrum in Brüssel wurde zu einem
Leuchtfeuer für den Rest des Kontinents, und was ihm in

den Augen der anderen Respekt und Glaubwürdigkeit verlieh, war das Versprechen, daß *dieses* Europa kein zweiter Zollverein war, keine neomerkantilistische Bruderschaft der Reichen und Einflußreichen, kein vorübergehender pragmatischer Lösungsversuch für wirtschaftliche Tagesfragen. *Dieses* Europa sollte allen Europäern gehören, selbst wenn manchen aus praktischen politischen Erwägungen eine unmittelbare Mitgliedschaft verwehrt war. Solche Hindernisse konnten, wie im Falle von Großbritannien oder Spanien, auf lange Sicht überwunden werden, und man mußte sich gemäß den gemeinsamen Prinzipien um gutes Auskommen bemühen (natürlich ging es nicht ohne internes Gerangel und dauerhaftes Klagen unter den Repräsentanten einiger der sechs ursprünglichen Mitglieder ab). Andere Nationen aber blieben für die absehbare Zukunft definitiv ausgeschlossen.

Natürlich war dies Anlaß zu öffentlich verlautbartem Bedauern, in Kommuniqués aus Brüssel ebenso wie bei Treffen westeuropäischer Staatsoberhäupter. Gleichwohl nahm Westeuropa in den vierzig Jahren nach 1949 den Wiederaufbau seines Viertels des Kontinents mit der beruhigenden Gewißheit in Angriff, daß der amerikanische Verteidigungshaushalt sie vor äußerer Bedrohung schützen und daß auf der anderen Seite die Sowjetunion sie im eigenen Interesse vor dem Risiko einer ungewollten Ausweitung bewahren würde. Die Westeuropäer hatten also, kurz gesagt, ein starkes und weiterhin wachsendes Interesse an der Teilung Europas. Nur die Westdeutschen reagierten ansatzweise darauf, indem die Ostpolitik von Willy Brandt und seinen sozialdemokratischen Nachfolgern Verbesserungen in den Ost-West-Beziehungen damit erkaufte (im konkreten Wortsinn etwa durch Zuwen-

dungen an die DDR), daß sie die östlichen Regime anerkannte und für deren Bedürfnisse und Interessen »Ver-
ständnis zeigte«. Ungeachtet gegenteiliger Beteuerungen
war die Europäische Gemeinschaft der siebziger und
achziger Jahre auf eine dauerhafte Teilung hin angelegt
und von ihr abhängig. Je verläßlicher diese Teilung war,
desto leichter ließ sich eine engere und wohlhabendere
Gemeinschaft für jene westlich der Trennungslinie ins
Werk setzen. Gleichzeitig aber propagierte man die illu-
sorische Perspektive einer »für später« ins Auge gefaßten
Erweiterung nach Osten.

Dementsprechend folgte dem öffentlichen Jubel, der
in den westlichen Metropolen den Fall der Berliner
Mauer und den Zerfall der benachbarten kommunistischen Regime zunächst begleitet hatte, sehr schnell der
privat geäußerte Zweifel. Nicht zufällig spekulierte der
französische Präsident François Mitterrand zur Zeit des
mißlungenen Anschlags gegen Michail Gorbatschow
vom August 1991 ein wenig zu öffentlich darüber, ob in
Moskau eine Form der sowjetischen Regierung überle-
ben könne. Hierher gehören auch die hilflosen Ansätze,
die er zusammen mit französischen Diplomaten unter-
nahm, zuerst die deutsche Einigung zu vereiteln und
dann die Tschechische Republik und andere osteuropäi-
sche Staaten von einer möglichen europäischen Mitgliedschaft abzubringen.* Aus guten Gründen erkannte
Frankreich, das nach dem Krieg der Hauptinitiator und

---

* Im März 1993 schrieb Jacek Kuroń, ehemaliger Führer der Solida-
rität und entschiedener Befürworter eines liberalen, demokratischen, »europäischen« Polen, in *Polytyka*, daß er unter westlichen
Politikern eine Nostalgie für die alte Welt und die Sowjetunion zu
verspüren glaube. Er irrte sich nur insofern, als er diese Nostalgie
für neu hielt.

auch der Hauptnutznießer der internationalen westeuropäischen Abkommen gewesen war, deutlicher als alle anderen, daß die Illusion von Europa einem Härtetest durch den gesamten Kontinent nicht standhalten würde. Hier gilt, was Freud in *Das Unbehagen in der Kultur* über die Voraussetzung für menschliche Zuneigung gesagt hat: »Es ist immer möglich, eine größere Menge von Menschen in Liebe aneinander zu binden, wenn nur andere für die Äußerung der Aggression übrigbleiben.«

2
Annäherung von Osten

Wieviele Europa gibt es? Diese Frage klingt seltsam, und die Antwort scheint offensichtlich. Genauso wie es nur ein Asien, ein Afrika und so weiter gibt, haben wir nur ein Europa; und wie die anderen Kontinente hat es einen Norden und einen Süden, einen Westen und einen Osten mit den jeweiligen Unterteilungen. Zwar fransen die Grenzen Europas nach Osten hin in einen breiten, topographisch nicht klar definierten Streifen aus, der allmählich ins westliche Asien übergeht, in allen anderen Richtungen aber sind seine Begrenzungen deutlich genug. Ferner ist Europa ein kleiner Kontinent, der seit langem seiner selbst gewiß ist. Das bedeutet, daß Europäer sein mit einer bestimmten Identität verbunden ist, während »Afrikaner«, »Asiate« oder »Amerikaner« lediglich eine geographische Zugehörigkeit bezeichnen. Abgesehen von gelegentlichen Versuchen, ein panafrikanisches Bewußtsein zu konstruieren, verbindet die Völker Afrikas kaum mehr als die gemeinsame Erfahrung der Kolonialherrschaft. Im Gegensatz dazu haben die Völker Europas den verbindenden Erfahrungshintergrund selbst geschaffen. Neben ihrer nachbarlichen Nähe und gemeinsamen Vergangenheit scheint hier eine angeborene, grundlegende Gemeinsamkeit zu existieren.

Sonderbarerweise ist einer der ältesten und verbin-
dendsten Aspekte der Gemeinsamkeit unter den Europäern das Bewußtsein der Teilung. Es ist bezeichnend
für die Bewohner des Kontinents, daß sie immer schon
darauf aus waren, sich voneinender abzugrenzen. Begonnen hat dies am Ende des 4. vorchristlichen Jahrhunderts
mit der Spaltung des ursprünglichen Römischen Reiches
in zwei Teile, wobei eben jene Teilung die Einheit im nach-
hinein definierte. Das Entstehen des karolingischen Reiches führte den Prozeß fort, indem es dem bis dahin an-
archischen und administrativ kaum erfaßten Westteil des
Kontinents fest umrissene und dauerhafte Grenzen gab.
Das Reich Karls des Großen im 9. Jahrhundert nahm
ziemlich genau das ursprüngliche Vorkriegs-»Europa«
der Sechs vorweg, bestehend aus Frankreich, Deutschland, den Benelux-Ländern, Italien und dem heutigen
Katalonien, nur Mittel- und Süditalien blieben ausgeschlossen. Das Römische, das Karolingische und manches
spätere Reich hatte keine wohldefinierten Grenzen aufzuweisen, sondern fand statt dessen in *limes, marches* oder
militärischen Zonen seine Begrenzung. Die östlichen
Ausläufer des Karolingerreiches wie auch die Nord-
grenze von Byzanz blieben immer ungenau. Doch als im
frühen 14. Jahrhundert die »europäischen« Grenzen sich
zu schließen begannen, hatte sich im Inneren die Abson-
derung zwischen Ost und West bereits weitgehend voll-
zogen.

Gelegentlich wird es so dargestellt, als sei die Trennungslinie zwischen Ost- und Westeuropa ein Produkt
des Kalten Krieges, eine willkürlich und erst kürzlich ge-
zogene Linie, die durch einen einheitlichen Kulturraum
verläuft. Dem ist nicht so. Im 19. Jahrhundert, lange
nachdem die Habsburger ihren Machtbereich bis weit in

die heutige Ukraine hinein ausgedehnt hatten, konnte der österreichische Kanzler Metternich sein berühmtes Wort von Asien prägen, das gleich hinter der *Landstraße*, der östlichen Ausfallstraße Wiens, beginne. Und er war nicht der erste, der solche Betrachtungen anstellte. Der Engländer Edward Brown, der 1669 das Habsburgerreich bereiste, bemerkte, als er nach Ungarn kam: »Man scheint unsere Welt hinter sich zu lassen … und noch bevor man Buda erreicht hat, in einen neuen Abschnitt derselben einzutreten, der sich von den Westlichen Landen gar sehr unterscheidet.«* Was auch immer der Grund ihrer Voreingenommenheit gewesen sein mag, der Österreicher wie der Engländer registrierten und bestätigten die Existenz einer unsichtbaren Linie, die schon damals die Mitte Europas von Norden nach Süden durchzog. Conrad Celtis hatte bereits im späten 15. Jahrhundert ähnliche Vorbehalte geäußert: »*Unser* berühmter Hafen Danzig«, so schrieb er, »wird von den Polen besetzt gehalten, und das Tor zu *unserem Ozean*, dem Sund, von den Dänen.« Doch er beließ es nicht dabei, eine Quelle des heutigen europäischen Konfliktes vorwegzunehmen, Celtis beklagte gleich noch eine weitere: Im Osten seien Völkerschaften angesiedelt, die »vom deutschen Mutterland abgetrennt seien … wie etwa die transsylvanischen Sachsen, die unsere Kultur und Sprache teilen.«**

Wie im 11. Jahrhundert der Chronist Adam von Bremen vermerkte, beginne »Slavien« östlich der Elbe und erstrecke sich südwärts bis zum Schwarzen Meer, so rie-

---

* Larry Woolf, *Inventing Eastern Europe. The Map of Civilisation on the Mind of the Enlightenment* (1994), S. 41.
** Siehe N. J. G. Pounds, *An Historical Geography of Europe* (Cambridge 1990), wo Celtis auf Seite 215 zitiert wird.

fen auch Celtis und seine Nachfolger ein Gefühl auf, das seit dem Ende des 10. Jahrhunderts in Westeuropa bei vielfältigen Anlässen immer wieder angeklungen ist: Wo das Reich der Römer beziehungsweise der Karolinger, Lothringer, Hohenzollern und Habsburger zu Ende war, da war auch Europa zu Ende. Und nachdem die einzige größere Wanderungsbewegung innerhalb Europas nach dem Eintreffen der Magyaren in den Donauniederungen aus deutschen Siedlern bestand, die gen Osten zogen, so schien es für die Westeuropäer nahezuliegen, diese östlichen Gebiete als *terra incognita* anzusehen, die von zivilisations- und disziplinierungsbedürftigen Rauhbeinen bevölkert waren. Auch lange nachdem jene Völker unter die Herrschaft westlicher wie östlicher Kaiserreiche gerieten, lebt diese Einstellung fort.

Diese seit alters her bestehende Teilung wurde durch die Religion noch verfestigt. Angefangen mit dem späten Römischen Reich waren alle europäischen Reiche aufs engste mit einer dominierenden Religion verbunden. Byzanz prägte dem von ihm kontrollierten Territorium das orthodoxe Christentum auf und Karl der Große seinem Gebiet die entsprechende römische Variante. Desgleichen taten später ihre russischen und österreichischen Nachfahren. Allerdings gab es nur in den Reichen des Ostens eine dauerhafte Verschmelzung von weltlicher und geistlicher Macht. Folge davon war, daß bestimmte Formen des Christentums mit bestimmten Regionen Europas in Verbindung gebracht wurden. In gewisser Hinsicht waren diese kirchlichen Grenzen und die damit verbundenen uralten Praktiken die dauerhafteste aller europäischen Teilungen. Die französische Diözesen, Verwaltungseinheiten der katholischen Kirche, berufen sich noch heute auf die geographischen Raster der römischen

Provinizialverwaltung, und die osmanischen Grenzen auf dem Balkan sowie die dortige Praxis des *millet* (die Gewährung von Privilegien an Christen unter türkischer Herrschaft im Austausch gegen Dienstleistungen, meist militärischer Art) sind eng mit dem Hervortreten des orthodoxen Christentums als dominierender Religion dieser Region verbunden. In Gebieten mit heterogener Bevölkerung war die Religionszugehörigkeit häufig an sozialen Status gekoppelt; so waren im Baltikum die Grundbesitzer katholisch, die Bauern orthodox. Solche sozioreligiösen Unterschiede haben ihre Entsprechung in der Sprache. Nur die Juden waren durch das Jiddische klar abgegrenzt, aber orthodoxe Bauern im Gebiet des heutigen Polen oder der Ukraine sprachen Litauisch, Rutenisch oder andere Sprachen und Dialekte, während Katholiken in derselben Gegend Polnisch sprachen. Das Entstehen »nationalen« Selbstbewußtseins im Habsburgerreich des 19. Jahrhunderts war oft eine Frage der Sprache, auch wenn die jeweilige Sprache dort keine lange Tradition hatte oder gar aus politischen Motiven (wieder) eingeführt wurde. Die Entscheidung für einen der kroatischen oder slowakischen Dialekte als »National«sprache eines zukünftigen Staates mag zwar nicht völlig beliebig sein, ist aber dennoch ein willkürlichlicher Akt.

Innerhalb Westeuropas verlief die augenfällige Trennungslinie nicht zwischen Osten und Westen, sondern zwischen Norden und Süden, und im 17. Jahrhundert war sie bereits stark ausgeprägt: In Nordeuropa war man protestantisch (Lutheraner, Calvinist oder Anglikaner), sprach eine Sprache germanischen Ursprungs und lebte in Nationalstaaten mit klar definierten Grenzen. Im Süden sprach man eine romanische Sprache, gehörte dem römisch-katholischen Glauben an und lebte auch weiterhin unter der Herrschaft von Kaisern und Päpsten. Solche Unterschiede spielten zwar in der internen Geschichte von Ländern wie Frankreich und Deutschland oder bei Konflikten zwischen westeuropäischen Herrschern eine große Rolle, haben aber nie die Bedeutung jener ost-westlichen Trennungslinie erlangt. Der Grund dafür sind die schon zu Beginn der Neuzeit etablierten engen kulturellen und geschäftlichen Beziehungen, die Westeuropa verbanden und alle internen Verschiedenheiten überlagerten. Von der urbanen Renaissance des 12. Jahrhunderts bis hin zur Aufklärung des 18. Jahrhunderts war dem westlichen Teil Europas ein gemeinsamer und ausgeprägter geschichtlicher Hintergrund eigen.

Dabei verschob sich allerdings der wirtschaftliche und kulturelle Schwerpunkt bisweilen dramatisch: vom Rheinland in die Lombardei, dann nach Venedig und in die Toskana und zurück in die Niederlande, um sich schließlich in den Hauptstädten der großen Reiche an der Atlantikküste, Spanien, Frankreich und England, niederzulassen. Kaum jedoch bewegte er sich einmal weiter ostwärts, jedenfalls nie weiter als bis nach Wien. Auch wenn Prag oder Wilna durchaus ihre kurze kulturelle Blüte erlebten, so waren sie doch nie Zentren dessen, was wir »europäisch« nennen, so wie es zu anderen Zeiten Florenz, Madrid, Amsterdam, Paris, London oder Wien waren. Warum dies so war, steht auf einem anderen Blatt. Vielleicht hätte sich Europas Zentrum nie so weit an den Atlantik verschoben, wäre da nicht der Aufstieg des türkischen Osmanenreiches oder die Entdeckung Amerikas gewesen. Die Gegenreformation und die Niederlage der protestantischen böhmischen Aristokratie in der Schlacht am Weißen Berg 1620 waren für Böhmen zweifellos eine große historische Katastrophe, zumal sie einer Periode der Hochblüte in Wissenschaften und Künsten im Prag des 16. Jahrhunderts folgten. Ebenso setzte der Aufstieg Moskaus der zentralen Rolle Polens in Europa (wenn auch nicht dem Traum davon) ein Ende. Aber solche Dinge passieren eben, und daher ist das, was viele von uns inzwischen als europäische Geschichte betrachten, eigentlich die Geschichte Westeuropas, Norden wie Süden gleichermaßen.

Wenn es also ein klar abgrenzbares Westeuropa mit seinen nördlichen und südlichen Komponenten gibt und ein nicht weniger klar umgrenztes, wenn auch weniger vom Glück begünstigtes Osteuropa, wo treffen sich die beiden? Etwa an der von alters her etablierten Linie zwischen Triest und Gdańsk/Danzig? Genügt es, sich auf die erstaunliche Kontinuität zu berufen, die von den Grenzen des Karolingerreiches über die Trennungslinie zwischen (einigen) österreichischen und ungarischen Territorien während der Zeit der Habsburger bis zur westlichen Grenze des »real existierenden Sozialismus« nach 1947 reicht, und daraus zu folgern: *tertium non datur*? Natürlich ist da die mit Festungen, Grenzstädten, Stützpunkten und historischen Kreuzwegen reich bestückte Linie, die von Dalmatiens Küste nordwärts bis nach Litauen verläuft und über Jahrhunderte hinweg Schauplatz der Konfrontation zwischen Germanen und Slawen, Österreichern und Türken, Katholiken und Orthodoxen gewesen ist. Aber auf diesem Gelände haben sich auch Polen, Litauer und Russen getroffen, vermischt und miteinander gekämpft. Und schließlich ist der Katholizismus auch weiter östlich von Danzig verbreitet, wird (oder wurde) deutsch auch in Städten und Tälern bis weit ins slawische Kernland hinein gesprochen, und Böhmen war ein wichtiger und (bis 1948) prosperierender Teilhaber an der industriellen Revolution, die den Westen Europas vor dem restlichen Kontinent auszeichnete. Wäre es da nicht sinnvoll, wie viele ja auch vorgeschlagen haben, eine weitere Unterteilung vorzunehmen und von Zentraleuropa zu sprechen?

Vieles spricht dafür. Das Viereck, begrenzt von der Linie Riga-Prag, weiter nach Triest und zurück ins Baltikum über Zagreb und Lwow, weist so manche Gemeinsamkeit auf. Man ist dort vorwiegend katholisch und bäuerlich, spricht slawische Sprachen, teilt die Erfahrung des Kaiserreichs und die Faszination durch den Nationalismus, und die Architektur der zahlreichen Städte ist unübersehbar jene des europäischen Kernlandes. Daneben verfügt man dort aber auch über eigene Merkmale und Traditionen. Im Jahrhundert nach 1848 war ihr geistiges Leben, besonders in den großen Städten, geprägt von einer einflußreichen Intelligenz. Vor allem aber ist ein deutlicher Unterschied zu den unmittelbaren Nachbarn im Osten und Süden zu spüren, der über Jahrhunderte kultiviert wurde. Daher betonen die Bewohner jenes »Zentraleuropa« aus guten Gründen die alte Teilung in ein West- und ein Oströmisches Reich, wobei sie auf der westlichen Seite zu liegen kommen.

Doch das Problem mit dem Begriff »Zentral« ist seine Modernität; er ist nicht in der europäischen Vergangenheit verwurzelt. Ohne die politischen und wirtschaftlichen Reformen der aufgeklärten Despoten, allen voran Joseph II. von Österreich während der achtziger Jahre des 18. Jahrhunderts, hätte er nicht entstehen können, und er war mit dem Versailler Abkommen und dem Entstehen der Nationalstaaten, denen es den Weg ebnete, auch schon wieder am Ende. Hitler hat ihm allenfalls den endgültigen Todesstoß versetzt. Die goldenen Tage, auf die sich ein solches »Zentraleuropa« berufen könnte, wären gerade mal die letzten Jahrzehnte der Habsburger Monarchie gewesen, als Städte wie Prag und Budapest ihre Blütezeit hatten und Provinzhauptstädte wie Zagreb oder Lwow im Widerschein spätimperialen Glanzes erstrahlten. Doch vor 1848 und nach 1945 war für den Rest der Welt kein deutlicher Unterschied zwischen diesem Zentraleuropa und seinen östlichen Nachbarn auszumachen. Budapest war für einen Reisenden des 17. Jahrhunderts bereits keine westliche Stadt mehr, und für Besucher aus dem Westen gab es kaum etwas, das die Pufferzone Zentraleuropa von den exotischen Ländern östlich davon unterschied.

Zweifellos aber gab es diese Unterschiede, und sie sind heute noch sichtbar. Das Sumpfland in Polens östlicher Ecke, wo die Orthodoxie beginnt und eine ihr verwandte Sprache in einem anderen Alphabet geschrieben wird, hat kaum etwas gemein mit Krakau, dem kultivierten Zentrum katholischer wie säkularer Gelehrsamkeit, das viel aus der Zeit der Habsburgerherrschaft in Wien bewahrt hat. Ein ähnlicher Kontrast besteht zwischen dem Hochland Montenegros und der deutschsprachigen Intelligenz von Ljubljana (Laibach). Aber in beiden Fällen waren diese gegensätzlichen Regionen Teile ein und desselben Staates. Selbst wenn man fairerweise zugesteht, daß der wirkliche Gegensatz nicht der zwischen Ost und West, sondern der zwischen Stadt und Land ist, und daß »Zentraleuropa« dementsprechend die Kultur der urbanen Zentren der Habsburger meint, so bleibt doch die Tatsache bestehen, daß Weißrußland, die Ukraine, Rumänien, Bulgarien, Serbien, ja selbst Griechenland einer anderen Welt angehören, mit der Prag oder Budapest kaum etwas gemein hat.

Aber gerade das, was Städten wie Prag oder Warschau, Budapest oder Wilna ihre moderne Bedeutung verleiht, nämlich daß sie Hauptstädte unabhängiger Länder sind, spricht ihnen auch wieder den Anpruch auf Zugehörigkeit zu »Zentraleuropa« ab. Denn ihre Kultur ist eine kosmopolitische. Häufig artikulierte sie sich in einer internationalen Sprache – Deutsch –, und viele ihrer hervorragendsten Vertreter waren Juden. Die Zerstörung dieser zentraleuropäischen Eigentümlichkeit ließ das polnische Warschau, das litauische Wilna, das tschechische Prag und das ungarische Budapest in dieselbe Provinzialität zurückfallen wie das österreichische Wien. Sie mögen zwar im Zentrum Europas liegen, aber ihr Anspruch auf eigenständige zentraleuropäische Charakteristika ist bestenfalls Nostalgie, häufig gar nur Schwindel. Ihr Wunsch nach Abgrenzung gegenüber Orten und Völkern weiter östlich ist hingegen ganz real, und seine Ursprünge liegen weit zurück. Als »Grenzländer« standen sie wiederholt an den historischen Kreuzwegen des Kontinents und waren daher immer bemüht, sich nicht auf der falschen Seite der bedeutungsvollen Trennungslinie wiederzufinden. Doch daraus läßt sich noch keine festumrissene Identität ableiten, die ihnen in Vergangenheit und Zukunft einen dauerhaften Platz auf der »richtigen« Seite sichert.

Es scheint mir sinnvoll, Europa auch unter anderen als geopolitischen Gesichtspunkten zu betrachten.* Da gibt

* Geographie kann sowohl verwirrend als auch erhellend sein. Seit 1989 wurden ein polnischer Marktplatz, ein litauischer Acker, ein französisches Bauernhaus und, erst kürzlich, ein belgisches Dorf zum »Zentrum Europas« erklärt, je nachdem, welche Definition Europas gerade zugrunde lag. Rein intuitiv würde man wohl in keinem dieser vier Orte die Mitte Europas suchen.

und gab es immer auch die Spaltung in ein reiches und ein armes Europa, aber über die Jahrhunderte haben sich hier Grenzverschiebungen ergeben. Es ist noch nicht allzu lange her, daß die Mittelmeerküste mit ihrem urbanen Hinterland zwischen Marseille und Istanbul eine der reichsten Regionen Europas war. Im Gegensatz dazu waren die skandinavischen Länder während des größten Teils ihrer dokumentierten Geschichte arm. Bis auf einige bemerkenswerte Ausnahmen gilt heute genau das Gegenteil. Nicht immer waren, so wie heute, die Städte Ballungszentren für extremen Reichtum und extreme Armut. Dies galt, wenn überhaupt, für die ländlichen Gebiete, und es ist ein weiterer Grund dafür, warum Süd- und Südost-Europa so weit hinter dem urbaneren Nordwesten zurückfiel, während der Gürtel bedeutender Großstädte von Hamburg bis Mailand dauerhaften Reichtum und Vorteil genoß.

Ferner gilt es, zwischen Völkern mit eigenem Staat und solchen, die keinen haben, zu differenzieren. Das ist mehr als nur ein politisches Unterscheidungsmerkmal. Sich schon früh zu einer anerkannten Nation und einem dauerhaften Staat formiert zu haben, bedeutet ein außerordentliches Glück. In diesem Sinne unterscheidet sich die Geschichte von Ländern wie den Niederlanden, Schweden, England, Frankreich und selbst Spanien krass von jener der Tschechen, Polen, Kroaten und vieler anderer. Die Völker Nord- und Westeuropas etablierten ihre Staaten durch Expansion von einer Mitte aus, indem sie so lange die Peripherie vereinnahmten, bis sie an geographische oder machtpolitische Grenzen stießen. Anders die modernen Staaten im Osten, wie etwa Rußland, die Türkei, Österreich und Deutschland; sie entstanden und konnten nur entstehen aus dem Zerfall von Reichen, und dieser Prozeß ist bis heute nicht abgeschlossen. Dadurch müssen sie nicht nur auf den Vorteil verzichten, die ersten gewesen zu sein. Ihre Identität, verbunden mit dem kompromißlosen Anspruch auf Territorium und Macht, geht notwendigerweise auf Kosten eines Nachbarn, der ähnliche Anprüche – häufig sogar auf dasselbe Territorium – geltend macht. Hierin liegt *das* große Unglück der östlichen Hälfte Europas; ihre Aufteilung in Nationalstaaten kam spät und für alle gleichzeitig. Dies unterscheidet sie grundlegend von den vom Glück begünstigteren Völkern des Westens; es macht ihre gemeinsame Geschichte und ihre gemeinsame Schwäche aus.*

Und noch in einem weiteren Aspekt haben Geschichte und Geographie sich gegen die östliche Hälfte Europas verschworen. Dort lebt eine Vielzahl kleiner Völker, die im Westen wie im Osten von starken Machtblöcken, den Erben großer Reiche, überschattet werden, und dieser Zustand dauert weiterhin an. Die Entstehung der unabhängigen Staaten Westeuropas stand nicht unter einem solchen Unstern. Die Niederlande oder Schweden bildeten sich bereits im 16. und 17. Jahrhundert als unabhängige Einheiten heraus; damals waren die mittelalterlichen Großreiche untergegangen, die modernen Großmächte

---

* Deutschland und Italien können hier als Gegenbeispiele dienen; unter den europäischen Ländern wurden sie erst relativ spät geeint, haben diesen Nachteil aber wettmachen können. Es war allerdings bis vor kurzem nicht klar, ob sie nicht doch an diesem Geburtsfehler zugrunde gehen würden. Für beide wirkte sich positiv aus, daß sie Gebiete von großem antiken Reichtum umfaßten. Ferner kam ihnen zugute, daß Italien und der größere Teil Deutschlands nach dem Krieg auf der westlichen Seite der Trennungslinie zu liegen kamen. Vor allem für Italien hätten die Dinge sonst möglicherweise eine andere Wendung genommen.

aber noch nicht entstanden. Die Folgen dieser ungleichen Ausgangsbedingungen sind in vieler Hinsicht augenfällig. Die Sprachen der größeren westlichen Nationalstaaten wurden zu bedeutenden internationalen Verkehrssprachen; ihr jeweiliger kultureller Hintergrund wurde zum Gemeingut des Kontinents. Etablierte, kleine Staaten wie die Niederlande oder Dänemark konnten es sich leisten, diese internationale Kultur anzuerkennen, an ihr teilzuhaben, ja sogar sie zum Bestandteil ihrer eigenen zu machen, ohne dabei den Verlust ihrer Identität fürchten zu müssen.

Bei den Ost- oder »Zentral«-Europäern dagegen, deren Identität sich weitgehend in Negativbegriffen definierte – Nicht-Russen, Nicht-Orthodoxe, Nicht-Türken, Nicht-Deutsche, Nicht-Ungarn und so fort –, bedeutete der Schritt zum eigenen Staat gleichzeitig den Schritt in die Provinzialität. Ihren Eliten blieb nur die Wahl zwischen kosmopolitischer Teilhabe an einer übergeordneten Größe oder Idee wie der Kirche, dem Reich, Kommunismus oder in jünster Zeit »Europa«, oder dem engen Korsett des Nationalismus und der lokalen Interessen.

Bürger des eigenen Landes und freier und gleichberechtigter Teilhaber an Handel und Kultur einer größeren Einheit zu sein, schien für viele Ungarn und Polen unvereinbar, und für viele Serben oder Rumänen gilt das heute noch.

Und was ist mit den äußeren Grenzbezirken, jenen porösen Gebieten, wo Europa und Asien sich treffen? Die Balkanhalbinsel ist, wenn auch nicht im mindesten europäisch, augenscheinlich ein Teil Europas, einfach weil sie eine Halbinsel ist. Wo sonst sollte sie auch dazugehören? Für ihre Bewohner hat ihre Vergangenheit etwas symbolhaft »Europäisches«: Ihre frühmoderne und moderne Geschichte wird überliefert als ein ständiges Ringen mit dem türkischen Reich, so daß in ihrer Erinnerung – real oder imaginiert – orthodoxes Christentum, Slawentum und eben »Europa« untrennbar verknüpft sind mit dem Kampf um die Befreiung vom »asiatischen Joch«, auch wenn dies nicht unbedingt den Tatsachen entspricht. Eingezwängt zwischen zentraleuropäischem Katholizismus samt seinen slawischen Verbündeten im Norden und der muslimischen Bedrohung im Süden und in ihrer Mitte, teilen Griechen, Bulgaren und Serben die Erfahrung dieses gemeinsamen Kampfes.

Auch die heftige Frankophilie vieler rumänischer und serbischer Intellektueller hat hier ihre Wurzeln. Sie ist bei ihnen mindestens ebenso, wenn nicht stärker ausgeprägt wie bei jenen polnischen Schriftstellern des 19. und 20. Jahrhunderts, die sich über den großen, zwischen Ost und West klaffenden Graben des Desinteresses und Mißverstehens hinweg mit europäischer Kultur zu identifizieren suchten. Das Bukarest von heute mutet nur entfernt europäisch an; aber gerade deshalb, und weil das für das flache Land noch weit weniger gilt, reagieren manche Intellektuelle, schon aus Trotz gegen diese ihnen fremd gegenüberstehende Umgebung, mit einer verstärkten Hinwendung zum Westen, besonders zu Frankreich. Eine solche Haltung, wie sie auch in Belgrad anzutreffen ist, trieb nun ihrerseits Teile der lokalen Intelligenz in einen überzogenen Nationalismus, der die kosmopolitische Elite nur noch weiter von der breiten Bevölkerung entfernt. Auch dies ein typisch »europäisches« Verhaltensmuster.

Im russischen Grenzland und in Rußland selbst ist die Situation komplexer. Westliche Beobachter wie auch viele

Russen haben schon immer Zweifel angemeldet am Grad der »Europazugehörigkeit« Rußlands. Nimmt man die Sprache, die Verfaßtheit des Staates und seine Ziele, die Geschichte seiner Kontakte und Konflikte mit anderen europäischen Mächten, so ist Rußland unbedingt ein Teil Europas. Doch schon allein seine Größe, die Tatsache, daß es im Süden und im Osten an asiatische Völker grenzt, und vor allem die Bedrohung, die für seine europäischen Nachbarn im Westen von ihm ausgeht, lassen es, vor allem in den Augen seiner verwundbaren Anrainer, fremdartig erscheinen. Der Kommunismus hat dem nichts hinzugefügt und kaum etwas daran geändert. Aber für jeden, der Europa zu definieren sucht, bringt Rußland zwei Vorzüge mit: Es trennt den europäischen Kontinent von den Ländern weiter östlich, ja Rußland selbst *ist* die Ostgrenze Europas. Außerdem unterscheidet es sich klar genug von seinen eigenen westlichen Grenzgebieten – das ist es nämlich, was der Name Ukraine bedeutet –, um deutlich zu machen, daß es tatsächlich ein fernöstliches Europa gibt, das sich von, sagen wir, den Städten des ungarischen Flachlandes unterscheidet wie letztere von Straßburg oder Turin.

Es gibt also viele »Europa«, von denen jedes ein gewisses Recht auf den Titel geltend machen kann, keines aber den alleinigen Anspruch. Aber die Länder westlich von Elbe und Leitha sind lange Zeit hindurch einfach Europa *gewesen*, wohingegen die anderen weiter im Osten immer dabei waren, Europa zu *werden*. Mit Voltaire können wir sagen, daß es zwei Europa gibt: eines, das wir »kennen«, und eines das von uns als solches »erkannt werden will«. Czeslaw Milosz hat da verständlicherweise eine andere Sicht. Für ihn ist es der Unterschied zwischen den respektablen, gut geratenen Familienmitgliedern und jenen armen, ewig zudringlichen Verwandten, derer man sich schämt. Aber wie immer man diese Unterschiede definieren mag, sie haben ihren Ursprung weder 1945 noch 1918. Jene Reisenden und Beobachter des 18. Jahrhunderts, die eine orientalische Hälfte Europas imaginierten und ihr damit Existenz verliehen, mögen diesem Bild zwar ihre aus eigenen Belangen geborenen Vorurteile aufgeprägt haben, aber völlig frei erfunden haben sie es nicht.*

Dennoch haben die Beziehungen zwischen Ost und West nach 1945 eine neue Wendung genommen. Dank Hitler zeigt die Nachkriegsgeschichte jenes »anderen« Europa größere Gemeinsamkeiten mit dem »ersten« als jemals zuvor. Doch liegen sie alle auf der Schattenseite der Geschichte. Auch die Osteuropäer haben Krieg, Bürgerkrieg und Besatzung durchlitten, aber deren Folgen waren dort ungleich schwerwiegender und dauerhafter als im Westen. In Frankreich waren im Vergleich zur Vorkriegsbevölkerung zwischen 1939 und 1945 1,75 Prozent Verluste zu beklagen und in den Niederlanden 2,2 Prozent; in Jugoslawien dagegen machten militärische und zivile Opfer 10,6 Prozent der Vorkriegsbevölkerung aus, und im Gebiet des »Generalgouvernement Polen« waren es 17,9 Prozent. Dabei hatten sich die Deutschen vor allem die Intellektuellen Osteuropas zur Zielscheibe gewählt. Den Landarbeitern, Handwerkern und Bauern im tschechischen Gebiet ging es unter der Kriegswirtschaft der Nazis nicht so schlecht, weite Kreise der gebildeten Schichten dagegen wurden terrorisiert, interniert und umgebracht. In Polen wurde ein Drittel derer, die

---

* Eine gegensätzliche Meinung vertritt Woolf, *Inventing Eastern Europe*.

zwischen den Kriegen eine höhere Schule abgeschlossen hatten, eliminiert (mit dem Ergebnis, daß in Polen nach 1945 ein Fünftel der Bevölkerung praktisch Analphabeten waren und gerade 21 Prozent der staatlichen Angestellten über die Grundschulbildung hinauskamen; eine auf groteske Weise unfähige Führungsschicht war die Folge).

Auch die Besatzung durch die Nazis zeitigte unterschiedliche Folgen. Was die Bündnisse aus dem Widerstand in Frankreich oder Belgien nach dem Krieg zu einem Neuanfang ermutigte, führte in den ehemals besetzten Ländern des Ostens zu einer grundlegenden sozialen Revolution. Dort hatte man es häufig nicht nur mit einem, sondern mit mehreren Besatzungsmächten zu tun; so in Jugoslawien mit Deutschen, Italienern, Ungarn, Bulgaren und Russen. Dabei löschten die Deutschen nicht nur die alten Eliten, bestehend vor allem aus den gebildeten, weitgehend jüdischen Akademikerkreisen, vielerorts aus.* Auch sie selbst wurden als Folge ihrer Niederlage vertrieben. Die großen deutschen Gemeinden des Sudetenlands, Schlesiens und Ostpreußens sowie viele von deutscher Sprache und Kultur geprägte Städte der Region wurden durch die Regierungen eines vom Kommunismus dominierten Europa vertrieben beziehungsweise vernichtet. Das Ergebnis war eine von Grund auf veränderte soziale Landschaft: ethnisch homogener, sozial weniger vielfältig und kulturell in die

---

* Allerdings waren es in Osteuropa wie auch in Frankreich nicht immer und von vornherein die deutschen Besatzer, die administrative Maßnahmen gegen Juden verhängten. Im Februar 1939 in der damals noch unabhängigen Rest-Tschechoslowakei wurden Juden unter tschechischer Regierung erstmals aus Verwaltung, Bankwesen und Kulturbetrieb ausgeschlossen.

Provinzialität absinkend. Der Erste Weltkrieg hatte die Grenzen verschoben, aber die Bewohner an ihrem Ort belassen. Nach dem Zweiten Weltkrieg war es umgekehrt; die Grenzen blieben weitgehend unberührt, dafür mußte die Bevölkerung umsiedeln, oder sie verschwand einfach ganz von der Landkarte.*

Hitlers soziale Revolution ebnete den Weg für die von Stalin; ja man kann beide als ein und denselben Prozeß betrachten. Die deutsche Übernahme und Kontrolle von Industriebetrieben und Unternehmen, vor allem in der Tschechoslowakei, wo die bedeutende Rüstungsindustrie mit ihren Zulieferbetrieben von der Kriegswirtschaft der Nazis integriert wurde, erleichterte in ganz Osteuropa die spätere Nationalisierung. Den Kommunisten oder Koalitionsregierungen nach dem Krieg lieferten die wirtschaftlichen Gegebenheiten Argumente an die Hand, die ihrem ideologisch motivierten Ruf nach Planwirtschaft entgegenkamen.** Aufstiegschancen für die Kinder von Bauern und Arbeitern zu schaffen, war

* Wie so oft macht auch hier Polen eine Ausnahme. Es verlor nach Osten hin knapp 180 000 km², und gewann im Westen gut 100 000 km² hinzu. Die Zahl der Toten unter den Juden und die Verluste bei den Minderheiten der Deutschen, Ukrainer, Litauer und Weißrussen waren verheerend: Vor 1939 hatte die Bevölkerung Polens zu einem Drittel aus ethnischen und religiösen Minderheiten bestanden; 1947 war Polen zu 97 Prozent »polnisch«.

** 1946 waren 82 Prozent der jugoslawischen Arbeiterschaft in staatlichen Industriebetrieben tätig; die Vergleichszahl von 1948 betrug für Ungarn 83 Prozent, in Polen 84 Prozent und in Bulgarien 98 Prozent. Aber in Ungarn und Polen waren Staatsbetriebe – zum Teil als Maßnahme gegen deutsche Infiltration – bereits vor dem Krieg weit verbreitet gewesen. Dieses Argument zugunsten einer Erhaltung des Staatseigentums, kann man in selbigen Ländern auch heute wieder hören.

ein anderes Motto kommunistischer Regierungen, ermöglicht und überhaupt notwendig gemacht wurden sie jedoch durch die systematische Eliminierung der Mittelklasse, die die Nazis ins Werk gesetzt hatten. Indem sie die (ohnehin schmale) Basis für eine Regierung durch Recht und Gesetz in diesem Teil des Kontinents zerstörten, machten die Nazis es den Nachkriegsregierungen leicht, vollends zu unterminieren, was davon noch übriggeblieben war.* Deutsche und Russen hatten bei der aufeinanderfolgenden Besatzung jener Länder, die zwischen ihnen lagen, weit mehr gemein als gewisse Techniken der Repression. Sie teilten den Argwohn gegenüber lokalen Eliten, den Vorrang, den sie in diesen Regionen der Schwerindustrie auf Kosten von Handel und Konsumsektor gaben, und die drastische Reduzierung jeder Form von lokaler Autonomie und vermittelnder Institutionen.

Ebenso wie die Erfahrung der Kriegsjahre für Osteuropa eine ins Tragische verzerrte Version der Ereignisse im Westen darstellt, so kann der dortige Wiederaufbau als groteske Parodie auf die vergleichbare Phase im Westen gelten. Auch dort stand man zunächst mit großen wirtschaftlichen Schwierigkeiten, ererbten politischen Polarisierungen und einer Fülle guter Vorsätze da. Vor allem die jungen Leute hatten wenig im Sinn mit den

---

* Die Erinnerung an Verbrechen, die während des Krieges an Nachbarn oder anderen Zivilisten (meist Juden) verübt worden waren – und das nicht ausschließlich unter Anweisung oder Anleitung der Deutschen –, belastete nach dem Krieg die osteuropäischen Gesellschaften mehr als jene im Westen, wenn auch nicht in dem Maß, wie man es sich gewünscht hätte. Jedenfalls liegt hier ein weiteres Motiv, das Jahr 1945 als radikalen Bruch mit der Vergangenheit zu sehen und, was davor war, zu vergessen.

Herrschaftsstrukturen der Zwischenkriegszeit und begrüßten einen Neuanfang unter kommunistischen Vorzeichen. Dies bedeutete Wirtschaftsplanung (wie sie in den meisten Fällen bereits vor dem kommunistischen Machtmonopol praktiziert worden war), Einrichtungen der sozialen Wohlfahrt und Sicherung, Landreform und eine allgemeine Übereinkunft über die Notwendigkeit von Wiederaufbau und Modernisierung der bereits vor 1939 rückständigen und unzureichenden Industrieanlagen (mit Ausnahme Böhmens), die nach sechsjährigem Krieg schließlich gänzlich zerstört waren. Insofern waren die Voraussetzungen durchaus »europäisch«, und wären Marshall-Hilfe (die unter sowjetischem Druck zurückgewiesen wurde) und andere materielle und politische Hilfsmittel aus dem Westen auf einige dieser Länder verwandt worden, so wären ihre Aussichten wenn nicht blendend, so doch immerhin interessant gewesen.

Unter den gegebenen Umständen aber nahm die »Europäisierung« Osteuropas einen völlig anderen Verlauf. Ein gewisses Maß an westlicher Hilfe hat es tatsächlich gegeben, zunächst am Kriegsende zur Linderung der unmittelbarsten Not, später als Kredite. Zwischen 1945 und 1947 hat der Westen, vor allem die Vereinigten Staaten, Polen 251 Millionen und Ungarn 37 Millionen US-Dollar geliehen. Doch selbst die kleinsten westlichen Staaten erhielten ein Vielfaches an Krediten (im gleichen Zeitraum bekam Belgien 310 Millionen Dollar, Dänemark 272 Millionen und Griechenland 161 Millionen). Und auf Stalins Weisung hatte dies alles 1947 ohnehin ein Ende. Von da an wurde in Osteuropa nahezu ausschließlich auf lokaler Ebene investiert. Die Regierungen in Prag und Warschau konzentrierten sich dabei wie ihre westeuropäischen Nachbarn auf die primären Bereiche: Kohle, Schwerindustrie, Verkehr und Infrastruktur. Aber da ihre Ausgangsbedingungen schlechter waren, Hilfe von außen fehlte und weil man dem sowjetischen Entwicklungsmodell zu folgen hatte, erfolgte die Industrialisierung dort auf Kosten der Bürger, wobei man dem Teufelskreis aus Versorgungsengpässen und Unzufriedenheit durch Terror und Gewalt zu begegnen suchte. In einigen Fällen – Böhmen ist so ein Beispiel – wurde das Übergewicht primärer Industriezweige schließlich zum Bremsklotz für eine moderne Wirtschaftsentwicklung, weil sekundäre und konsumorientierte Wirtschaftszweige neben dem Aufbau neuer Bergwerke, Stahlkombinate und chemischer Fabriken nicht zum Zuge kamen.

Zwar zeitigte diese Praxis zunächst vordergründige Erfolge – Produktivität und Wachstumsraten des primären Sektors konnten in Teilen Osteuropas durchaus mit dem Westen Schritt halten –, erwies sich jedoch auf lange Sicht als verheerend. Osteuropa hat nicht nur den Wirtschaftsaufschwung nach dem Krieg verpaßt, es belastete sich zudem mit Ressourcen und Strategien, die unnötig und unpopulär und der Wirtschaft abträglich waren. So mancher auswärtige Beobachter mochte sich durch die Erfolgsstatistiken und das eigene Wunschdenken täuschen lassen, doch für die unmittelbar Betroffenen war diese Fehlentwicklung offenkundig. Die Versuche der Sowjetunion, durch formelle internationale Abkommen die nationale Begrenztheit dieser kleinen und mittellosen Staaten zu überwinden, blieben allenfalls ein schwacher Abklatsch ihrer westlichen Entsprechungen. Das 1949 ins Leben gerufene Comecon erließ willkürliche Produktionsquoten, die die entsprechenden Staaten zwangen, Dinge zu produzieren, die niemand haben wollte und die dann zu festen Preisen und fixen Wechselkursen untereinander gehandelt wurden. Es versagte seinen Mitgliedern darüberhinaus einen Platz im sich ausweitenden Handel Westeuropas zu einer Zeit, da Teile Osteuropas sehr wohl von westlicher Prosperität, vor allem dem florierenden Handel im Westdeutschland der fünfziger Jahre, hätten profitieren können. Noch 1979 machte der Anteil der Comecon-Länder am Welthandel gerade mal 9 Prozent aus.

Es war also nicht Mangel an internationaler Vernetzung, der die Nachkriegsentwicklung in Osteuropa so anders verlaufen ließ als im Westen. Zumindest der Form nach entsprachen Warschauer Pakt (1954) und Comecon durchaus der NATO und der EWG. Auch an Planung und wirtschaftlicher Koordination fehlte es nicht. Schuld waren vielmehr die bewußt verzerrenden und unsinnigen Praktiken innerhalb des Comecon mit Gütern, die keiner wollte, zu Preisen, die nichts besagten, und mit seiner aufgezwungenen, unangemessenen Spezialisierung. Dies führte dazu, daß in osteuropäischen Ländern Produzenten und Wirtschaftsplaner, die die regionalen Bedingungen aus dem Auge verloren hatten und auch keinen Ausgleich von Handel und Produktion über die Landesgrenzen anstrebten, allmählich jegliches Vertrauen in regionale Wirtschaftsabkommen und Kooperationen verloren. Dies ist bis heute so, und daher bedeutet »europäisch« Denken für sie automatisch der Blick nach dem Westen. Eine Zusammenarbeit mit den ebenso armen Nachbarn im Süden oder Osten wäre nicht nur ökonomisch unergiebig, sie birgt auch unliebsame Erinnerungen an Zeiten sozialistischer Bruderschaft, als der Begriff (Ost-)»Europa« gleichzusetzen war mit Repression, Mißwirtschaft, Armut und Enttäuschung.

Für eine Gruppe von Völkern, die so lange in enger und unbehaglicher Nachbarschaft zueinander gelebt hat, wissen Osteuropäer erstaunlich wenig voneinander. Das liegt an der oben skizzierten Entwicklung und an der konfliktreichen Geschichte ihrer den jeweiligen Nachbarn bedrohenden Bestrebungen nach Unabhängigkeit. Die Verbindungen, die sie suchen, und die Bindungen, an denen ihnen gelegen ist, betreffen Kulturen und Mächte westlich von ihnen. Und nicht nur wirtschaftlich herrscht wenig Einvernehmen; kulturelle Kontakte waren im Verlauf der letzten zwei Generationen selten und wurden nur unwillig aufgenommen, auch wenn offizielle Verlautbarungen das Gegenteil behaupteten. Die jüngste Geschichte Osteuropas wird beherrscht von dem Versuch einzelner Staaten oder deren Zusammenschlüssen, auf Kosten benachbarter Staaten, Land oder politische beziehungsweise ökonomische Vorteile zu erlangen. Die Folge ist eine gefährliche Mischung aus Nähe, Unkenntnis und gegenseitiger Verachtung.

In einer Reihe von Umfragen unmittelbar nach dem Fall des Kommunismus wurden Osteuropäer gebeten, die Länder und Völker anzugeben, zu denen sie am meisten (und am wenigsten) Vertrauen hätten. Bei den Polen kamen die Ukrainer am schlechtesten weg; 75 Prozent der Befragten trauten ihnen nicht. Gleich danach kamen die Deutschen, denen 70 Prozent mißtrauten, dann die Russen (69 Prozent) und danach eine Reihe kleinerer Nachbarn: Rumänen (64 Prozent), Weißrussen (63 Prozent), Tschechen (61 Prozent) und so weiter. Bei den Tschechen war die Reihenfolge entsprechend anders, angeführt von den Rumänen (77 Prozent), gefolgt von den Ungarn (67 Prozent) und den Bulgaren (62 Prozent). Die Russen mit 62 Prozent und die Deutschen mit 44 Prozent kamen dabei vergleichsweise besser weg, was einiges über die unterschiedlichen Erinnerungen von Polen und Tschechen an den Krieg aussagt. Alle diese Zahlen waren aber in jedem Fall deutlich höher als vergleichbare Angaben unter den Westeuropäern.*

Wir sehen daran, daß der Kommunismus gewisse einheimische Vorurteile, wie etwa die Ressentiments gegen Juden oder Zigeuner, nicht nur »eingefroren« hat, indem er ihre öffentliche Äußerung unterdrückte, sondern daß er auf der anderen Seite nichts getan hat, um sie zu entschärfen. Auch sind viele der zwischenstaatlichen Antipathien, die sich im Lauf der Unabhängigkeitsbestrebungen des 19. Jahrhunderts und zwischen den Weltkriegen gebildet hatten, noch angeheizt und verschärft worden. Die Staatsform, die man in Osteuropa anstrebte, war vor 1918 wie danach entweder der Nationalstaat eines Einzelvolkes nach westlichem Muster oder der Vielvölkerstaat alter imperialer Prägung. Das Ergebnis waren eine Reihe von unabhängigen, multinationalen Kleinstaaten – Nationalstaaten, die aber eine Vielzahl ethnischer Minderheiten beherberg-

---

* Heutige Umfrageergebnisse unter Westeuropäern zeigen ein generell positives Verhältnis zu fast allen anderen Mitgliedern der Europäischen Union. Die verblüffende Ausnahme bilden Italiener und Griechen, die wenig Vertrauen zu ihren eigenen Landsleuten haben! 1981 äußerten in einer Umfrage nur 11 Prozent der Briten und Holländer Mißtrauen gegenüber den eigenen Landsleuten; unter den Italienern war die Zahl dreimal so hoch, und keiner, das muß dazugesagt werden, bekundete irgendwelches Vertrauen zu den Griechen.

ten –, und die Region handelte sich damit die Nachteile beider Modelle ein.*

Der Haß, der in und zwischen den neu entstandenen Einheiten entbrannte – zwischen Serben und Kroaten, Serben und Ungarn, Rumänen und Ungarn, Ungarn und Slowaken, Slowaken und Tschechen, Tschechen und Deutschen, Deutschen und Polen, Polen und Tschechen und vielen anderen –, wurde durch Hitler wie durch Stalin zunächst ausgebeutet, um dann gewaltsam unterdrückt zu werden. Den Rest besorgten die obligatorische »Verbrüderung« unter kommunistischem Vorzeichen und die schiere Unmöglichkeit, wirtschaftliche oder politische Kontakte zu anderen als den sozialistischen Nachbarstaaten aufzunehmen. Zwar gibt es – besonders in Budapest und Wien – immer einige, die sich das alte Kaiserreich zurückwünschen, doch im großen und ganzen sind in Ost- und Mitteleuropa internationale Lösungen für die internen Probleme nicht gefragt (es ist vor allem der übertrieben jakobinischen Qualität der kommunistischen Regime Osteuropas zuzuschreiben, daß nach 1989 dort politische Zentrifugalkräfte wirksam wurden).

Verständlicherweise hatte die Idee von »Europa« daher im Machtbereich Moskaus ihre etwas andere, spezifische Ausprägung. Wie im Westen beschwor man diesen Begriff als Allheilmittel gegen die Fehler und Mißstände der Vergangenheit. Dies gilt allerdings erst für die siebziger Jahre dieses Jahrhunderts. Bis dahin war die Auf-

---

* Eine Volkszählung von 1946 zeigte zum Beispiel die folgende Verteilung in der Bevölkerung Jugoslawiens: 6,5 Millionen Serben, 3,8 Millionen Kroaten, 1,4 Millionen Slowenen, 800 000 bosnische Muslime, 800 000 Mazedonier, 750 000 Albaner, 496 000 Ungarn, 400 000 Montenegriner sowie Walachen, Zigeuner, Bulgaren, Juden, Deutsche, Türken, Rumänen und Griechen.

merksamkeit der Gegner des jeweiligen stalinistischen Regimes noch von der Aussicht auf einen »reformierten« oder »revidierten« Kommunismus absorbiert gewesen. Erst nach 1968 (in Polen mit den Streiks und Repressionen von 1970) erhob eine neue Generation von intellektuellen Dissidenten die Stimme, die, wie Adam Michnik und Václav Havel, im Marxismus nicht mehr die Lösung, sondern das Problem sahen. Nun erst erwies sich »Europa« als Alternative nicht nur für die Gegenwart, sondern auch für die Vergangenheit, und die internen Kritiker der gescheiterten kommunistischen Regime optierten zunehmend für eine »Rückkehr nach Europa«.

Das ist eine seltsam schillernde und vieldeutige Formulierung. Sie hat einen geographischen Aspekt im Sinne von: »Wir« möchten der europäischen Familie angehören, anstatt die westlichen Ränder der sowjetischen zu sein; einen nostalgischen, der besagt: »Wir«, die wir einst Zentren europäischer Musik, Literatur, Philosophie und Kunst waren, möchten wieder in die Gemeinschaft aufgenommen werden, die wir mitgestaltet haben; einen politischen: »Unsere« Traditionen der Gesetzgebung, der politischen Institutionen und Freiheitsrechte sind europäisch, und wir fordern sie zurück; und einen ökonomischen: »Europa« steht heute für einen Verband florierender, freier Marktwirtschaften, an dem wir teilhaben wollen. Doch diese Art, den Kommunismus zu kritisieren und sich über ihn zu erheben, bringt zweierlei Schwierigkeiten mit sich. Zunächst einmal wird da impliziert, daß »Ost«europa irgendwie doch nicht zu Europa gehört, aber versucht, Zugang zu gewinnen (noch widersprüchlicher ist die Formulierung »zurückzugewinnen«). Heinrich Heine hat das berühmte Wort geprägt von der Taufe als dem »europäischen Entreebillett« für den Juden. Entsprechend ist für die Bürger Polens, Ungarns, Sloweniens und anderer die Mitgliedschaft in der »Gemeinschaft« *ihr* Entreebillett. Aber jedem Osteuropäer ist klar, daß die Gewährung der Mitgliedschaft in diesem westlichen Club allein die Folgen von mehr als fünfzig Jahren Terror, Diktatur, Repression und Stagnation nicht wegwischen kann.

Zum zweiten hat »europäisches Denken« in der ehemals kommunistischen Hälfte des Kontinents ganz spezifische Implikationen. Kommunismus stand für einen künstlichen und aufgezwungenen Internationalismus, und entsprechend bestand eine effektive Form des Protestes darin, den polnischen, ungarischen oder vor allem den tschechischen Nationalcharakter zu betonen – beziehungsweise von neuem zu betonen – und ihn dem sowjetischen Universalismus entgegenzustellen. Genauso verwundbar wie der »internationale« Kommunismus durch die Kritik der Nationalisten war, ist es nun »Europa«. Auch wenn sie noch so verschieden, ja gegensätzlich sind, so werden diese beiden Konzepte – die Europaidee als Wahlverwandtschaft und moralisches Kapital der Kommunismusgegner und der inzwischen diskreditierte transnationale Universalismus des Kommunismus – in der Vorstellung einiger der bekanntesten Dissidenten und im Munde so mancher Intellektuellen und Politiker des nationalistischen Lagers eilfertig gleichgesetzt. Kein Wunder, daß sich die Schlauesten unter den Apparatschicks in Belgrad, Bukarest, Kiew, Zagreb und Bratislava so schnell zu nationalistischen Demagogen gemausert haben.*

---

* Professor Kathleen Verdery zitiert in einem unveröffentlichten Vortrag aus dem Leitartikel einer nationalistischen rumänischen

Im Westen dagegen ist es heutzutage – abgesehen von ultra-nationalistischen Kreisen in Frankreich oder Österreich oder in gewissen seltsam insularen Parzellen der politischen Führungsschicht Englands – kaum umstritten, sich zu »Europa« zu bekennen. Ein solches Bekenntnis trägt nicht den unangenehmen Vorwurf mangelnden »Nationalgefühls« in sich. In weiten Teilen Westeuropas bedeutet »Europäer« zu sein heute keineswegs eine Verunglimpfung der eigenen Mitbürger oder gar eine Distanzierung von ihnen. Es ist dies eine bedeutsame Errungenschaft der Europäischen Union, die hervorzuheben mir wichtig scheint.

Man sollte die Bedeutung des Nationalgefühls in Osteuropa dennoch nicht unterschätzen. Schließlich haben Nationen und Staaten in diesem Teil der Welt eine Tendenz zu verschwinden, indem ihre Institutionen, Religionen, Sprachen und Völker durch andere Reiche oder Widersacher unterdrückt, beziehungsweise vertrieben werden.** Es ist eben nicht allen vergönnt, nationale Sicherheit mit müheloser Weltoffenheit zu verbinden. Das ist es, was vielen osteuropäischen Intellektuellen Paris,

Zeitung: »Für uns [die Nationalistische Partei; T.J.] ist die Verführung durch ein Europäisches Haus eine Illusion, die genauso zerstörerisch ist wie der Kommunismus«. (»Civil Society or Nation? ›Europe‹ in Romania's post-Socialist politics«)

** Einem weltoffenen Beobachter mag die Besessenheit, mit der diese Länder ihre lokalen Bindungen und Traditionen erschaffen und pflegen, engstirnig und provinziell, großartig und absurd zugleich erscheinen. Heine schrieb 1823: »Sie [die Polen] merken jetzt, wie viel zur Erhaltung derselben [ihrer Nationalität] durch eine National-Literatur bewirkt wird, und (wie drollig es auch klingt, so ist es doch wahr, was mir viele Polen ernsthaft sagten) in Warschau wird an einer polnischen Literatur gearbeitet.«

90

den Ort wie die Idee, so begehrens- und bewunderns-wert macht. Zuhause allerdings laufen sie und ihre pro-europäischen Mitstreiter Gefahr, politisch ins Abseits zu geraten, denn sie scheinen einer Abstraktion (zumal einer, die gleichgültig und teilnahmslos bleibt) mehr Aufmerksamkeit zu schenken als den unmittelbaren Be-dürfnissen ihrer Landsleute. Die Wiedergeburt des Anti-semitismus in Osteuropa (besser sollte man wohl von seiner erneuten Salonfähigkeit innerhalb der Parteipoli-tik sprechen, denn er war ja nie tot) ist eng verknüpft mit dem negativen Beigeschmack von Kosmopolitismus und Elitismus. Kurz gesagt, »Europa« wird heute mit den Oppositionellen aus der Zeit vor 1989 in Ungarn, Polen und anderswo in Verbindung gebracht, von denen viele der prominenteren tatsächlich Juden waren.*

Seit 1989 hat der Begriff »Europa« in den ehemals kommunistischen Gesellschaften noch in anderer Hin-sicht einen negativen Klang bekommen. Er evoziert nicht nur das Bild jener weltläufigen, wurzellosen Intellektuel-len, die das Herz in Paris und die Koffer in New York haben, sondern er läßt auch an die reiche, priviligierte Laisser-faire-Welt mit ihren rauhen Umgangsformen den-ken, die der Westen den Polen, Slowaken und anderen aufzudrängen sucht, wobei er sich um die dadurch ent-stehende soziale Unruhe und Unsicherheit wenig schert. Schlimmer noch, die Führer ebendieses »Europa« wollen

---

* Eine Meinungsumfrage in der *Gazeta Wyborcza* vom August 1992 zeigte, daß 40 Prozent der befragten Polen glauben, »daß Menschen von jüdischer Nationalität [sic!] eine zu große Rolle im öffentlichen Leben dieses Landes spielen«. Und erst kürzlich (im Juni 1995) äußerte ein katholischer Priester in Gdańsk, von dem zu distanzie-ren Präsident Walesa sich weigerte, daß derartige Überzeugungen nicht auf die Straße beschränkt blieben.

jene, denen sie mit ihren drakonischen Beitrittsbedingungen drohen, letztlich gar nicht als Mitglieder in ihrem Club haben. Kein Wunder also, daß die polnische Premierministerin Hanna Suchocka 1992 eine wachsende »antieuropäische Stimmung« in ihrem Land feststellte.

Die nachfolgenden Wahlen haben ihre Befürchtungen in Polen wie auch anderswo nur bestätigt. Das Mißtrauen gegenüber Europa, tief verwurzelt in der Abneigung gegen seine neuen, verglichen mit den kommunistischen nicht weniger hölzernen Begriffe (»Demokratie«, »Markt«, »Inflation«, »Arbeitslosigkeit«, »Wachstumsrate«, alles kalte Termini technici der Wirtschaftskunst ohne Bezug zu den Bedürfnissen und Nöten der Menschen), hat sich in Polen und anderswo eilfertig in Wählerstimmen für die wiederaufbereiteten ex-kommunistischen Politiker umgesetzt, die diesen Trumpf geschickt ausspielen. Denn auch wenn in Osteuropa unter kommunistischer Herrschaft Anstellung, soziale Leistungen und weitere gewohnte »Annehmlichkeiten« oft von zweifelhafter Effektivität waren und häufig nur symbolischen Charakter hatten, so sollten wir nicht übersehen, welche Ängste und Aggressionen ihr Verlust freisetzt. Wie seinerzeit in kommunistischen Ländern alles »Kapitalistische« zum Objekt unkritischer Bewunderung wurde, nur weil es von offizieller Seite beständiger und undifferenzierter Kritik unterworfen war, so mag nun dem »Kommunismus«, der von seinen demokratischen Erben rundweg verbannt wird, bei all jenen, die unter den Veränderungen seit 1989 gelitten haben, eine ähnliche Aura zuwachsen.

Unter solchen Umständen ist es nicht einfach, in Osteuropa ein »europäischer« Intellektueller zu sein. Man spricht den Intellektuellen von vornherein vieles ab: Die

Populisten sagen ihnen Mangel an Heimatverbundenheit und Nationalgefühl nach; man wirft ihnen möglicherweise vor, die alten kommunistischen Regime zu einer Zeit angegriffen zu haben, als sich fast alle mehr oder weniger mit ihren Kompromissen eingerichtet hatten – sie sind mit anderen Worten unliebsame Mahner an die jüngste Vergangenheit und damit dauerhafte Quelle der Irritation. Auf der anderen Seite stellen sie für den Westen bestenfalls die bewunderungswürdige »Ausnahme«, vielleicht auch nur ein exotisches Objekt der Neugierde dar. Schließlich sind es die Vertreter einer »realisitischen«, nach-89er Generation von Politikern (wie Václav Klaus aus der Tschechischen Republik), mit denen der Westen seine Geschäfte macht, und weniger die ehemaligen Oppositionellen. Sie sind die neuen »praktischen Europäer« Osteuropas, die nach besten Kräften um die Aufnahme in den Club verhandeln. Aber unter ihren Händen scheint jenes »Europa«, das von Leuten wie Adam Michnik in Polen oder János Kis in Ungarn, marxistische Studenten der sechziger Jahre, die später als furchtlose Dissidenten an die Öffentlichkeit getreten waren, idealisiert und angestrebt worden war, zusehends zu verschwinden. Das Europa der Kultur, der Freiheit, des weltweiten Austauschs von Wissen und Werten, das Europa, von dem Milan Kundera befürchtete, es verlöre sein Kernstück, wenn die Tschechoslowakei und andere in den Einflußbereich Rußlands gerieten, *dieses* Europa findet im Osten derzeit nur wenige Fürsprecher.

Eine Erklärung dafür ist, daß sich Intellektuelle und Politiker in Osteuropa zunehmend bewußt werden, wie wenig dem Westen letztlich an ihnen gelegen ist. Natürlich ist das nichts Neues, denn es gehört sozusagen zur Grunderfahrung eines Osteuropäers, vom Westen immer und ewig enttäuscht zu werden. Die Reihe der Beispiele reicht von der polnischen Revolution von 1830 bis München, von den aufständischen Tschechen, die 1945 verzweifelt auf Pattons Panzer warteten, bis zu Czeslaw Milosz 1951 oder Milan Kundera 1984, die westlichen Lesern klarzumachen suchten, daß auch der »Osten« seine Bedeutung habe und wie sehr er auf eine Erwiderung aus dem Westen angewiesen sei, vom Pathos der ungarischen Radiobotschaften von 1956 bis zu dem dramatischen Hilferuf Bosniens 1995. Mit deprimierender Regelmäßigkeit haben Osteuropäer versucht, einer westlichen Zuhörerschaft zu erklären, warum es in ihrem ureigenen Interesse ist, die Bedürfnisse und Wünsche ihrer Bewunderer und Verbündeten im Herzen Europas zu berücksichtigen. Doch als Antwort wurde ihnen immer wieder bedeutet, daß sie im größeren Rahmen letztlich keine Rolle spielen.* Daß Osteuropa im Abkommen von Jalta – oder dem sogenannten »Prozent-Abkommen« vom November 1944 zwischen Stalin und Churchill, bei

---

* Die britische Sicht dokumentiert der Beschluß eines Kabinetts-Unterausschusses von 1944. Er zählt vier wichtige Interessenbereiche in Zusammenhang mit der Sowjetunion auf, keiner davon berührt die osteuropäischen Länder. Statt dessen wurden genannt: das Öl im Nahen Osten, der Mittelmeerraum, ›die lebenswichtigen Seeverbindungen‹ und die industriellen Beziehungen und die Produktion in Großbritannien. Siehe Hugh Thomas, *Armed Truce. The beginnings of the Cold War 1945–1946* (New York 1987), S. 209. Für Frankreich gilt, was Charles de Gaulle auf einer Reise nach Rumänien im Mai 1968 gegenüber Ceaucescu äußerte: »Ein Regime wie das Ihre ist hier und in der Sowjetunion nützlich, wäre aber in Frankreich oder Großbritannien undenkbar.« Dies bringt wohl de Gaulles feste Überzeugung zum Ausdruck, daß Osteuropa im Vergleich zum Westen eine andere Welt war, auf die man andere politische Maßstäbe anzuwenden hatte. Vgl. Sandra Stolojan, *Avec de Gaulle en Roumanie* (1991).

dem die beiden Politiker im Verlauf eines geselligen Abends die »Anteile« der Einflußsphären festschrieben, die die Westalliierten beziehungsweise die Sowjetunion in Zentral- und Osteuropa haben sollten – überhaupt berücksichtigt wurde, ist geradezu bemerkenswert.

Für Rußland und Deutschland haben die Länder, die zwischen ihnen liegen, eine entsprechend größere Rolle gespielt; gleiches gilt für Österreich oder die Türkei in bezug auf den Balkan. Der geschichtliche Schatten Rußlands, für das Osteuropa die verletzliche und vage Reichsgrenze im Westen darstellte, erklärt sich rein aus der politischen Geographie. Deutschlands Präsenz wird dagegen in jüngerer Zeit vor allem wirtschaftlich spürbar. Diese Funktion war den Deutschen zwar schon vor dem Ersten Weltkrieg zugekommen, gewann aber erst nach dem Krieg ihre überwältigende Bedeutung: In den letzten zwei Jahren vor Ausbruch des Zweiten Weltkrieges kamen 58 Prozent der bulgarischen Importe aus Deutschland und 64 Prozent der Exporte gingen dorthin; in Jugoslawien waren die Vergleichszahlen 50 Prozent und 49 Prozent und in Rumänien 49 beziehungsweise 36 Prozent. Dieses ungleiche, parakoloniale Verhältnis zu Deutschland ist damals wie heute das einzig wahre »europäische« Erbe, das die meisten Osteuropäer geltend machen können. Für die westlichen Mächte sind diese Länder lediglich von historischem oder allenfalls taktischem Interesse, denn sie verfügen weder über Ressourcen, noch laufen hier wichtige Kommunikationswege zusammen.

Seit der Aufklärung zeigen westliche Intellektuelle eine Neigung zu großen Entwürfen und Perspektiven. Daher galt – von den Jakobinern bis zu den Kommunisten – die Vorliebe der westlichen Linken, von der man eigentlich eine größere Anteilnahme an den Geschicken dieser Region hätte erwarten können, den großen territorialen Einheiten und standardisierten sozialen Praktiken. Das Übel, mit dem Osteuropa geschlagen ist, liegt in seinem extremen Partikularismus. Daher waren viele Denker in Rußland, Deutschland, Frankreich und sogar in Großbritannien der Ansicht, daß den europäischen Belangen am besten gedient sei, wenn die zentralen und östlichen Teile des Kontinents einem oder mehreren historisch gewachsenen Staaten angegliedert oder zwischen ihnen aufgeteilt würden. Insofern können die Polnischen Teilungen, als in den Jahren 1772 bis 1795 Rußland, Preußen und Österreich das Land auf zynische Weise untereinander aufteilten, gut als Metapher für den weiteren Verlauf der Geschichte der gesamten Region stehen.*

In Ost-Mitteleuropa haben sich Regionen erhalten, die gegen ihren Willen zu einer Art Museum für Europas jüngere Vergangenheit geworden sind. Westliche Besucher befällt im postkommunistischen Osteuropa immer wieder eine Art Nostalgie aus zweiter Hand nach jenem früheren, langsameren, schmutzigeren, sichereren, älteren Westeuropa, das sie selbst oft gar nicht mehr erlebt

* Als jüngstes Beispiel einer solch abschätzigen Sichtweise kann Eric Hobsbawms *Das Zeitalter der Extreme* (München 1995) gelten. Dort zeigt der Autor deutlich seine Irritation über den Zerfall des Sowjet-Imperiums und dem entsprechenden Aufleben der kleinen Länder an seiner Westflanke. Als früherer Beleg einer ähnlichen Geisteshaltung sei G. D. H. Cole, *Europe, Russia and the Future* genannt. 1941 denkt dieser Historiker aus dem linken Spektrum darüber nach, daß unabhängige Staaten in Osteuropa unhaltbar seien und keine Zukunft hätten, weshalb es besser wäre, wenn die siegreich aus dem Krieg hervorgegangene Sowjetunion sich Polen, Ungarn und den Balkan einfach einverleiben würde.

haben und das nun von der verheerenden Wirkung des Wohlstandes auf immer weggefegt wird. Und auf viele Leser, besonders in den USA und Deutschland, wirkten die Schriften Václav Havels mit ihrem hohen moralischen Ton und dem heideggerschen Abscheu vor den Verführungen und der Seelenlosigkeit der »Moderne« neu und erfrischend, so daß sie, zumindest für kurze Zeit, eine gewissen Faszination ausüben konnten. Doch letztlich geben sich die Intellektuellen im östlichen (oder wie sie es lieber hören, im zentralen) Europa keinen Illusionen hin. Nachdem sie sich für ein Europa ohne Ost-West-Teilung eingesetzt haben, das der bewahrten (oder nur erinnerten) Kultur Zentraleuropas ihren rechtmäßigen Platz wieder einräumen soll, müssen sie nun erkennen, daß sie ihre Befreiung zu Hause wie im Ausland mit erneuter, ja größerer Marginalisierung zu bezahlen haben.

Für Osteuropa bleibt also keine andere Wahl als »Europa« zu »europäischen« Konditionen. Doch wenn sich die Alternative so stellt, wird sie mit ziemlicher Wahrscheinlichkeit den ärgerlichen Protest von Nationalisten aller Schattierungen auf den Plan rufen. Die andere historische Möglichkeit wäre einmal mehr der Blick nach Osten, denn eine sichere Mitte existiert nicht. Aber abgesehen von den Serben würde nicht einmal der nationalistischste Demagoge unter den osteuropäischen Politikern Trost in der Aussicht auf Bündnis, Freundschaft oder auch nur zwangloser Nähe mit dem neu erstandenen Rußland finden. Nach Versailles wählten sich die kleinen Staaten Osteuropas Frankreich zum Vorbild und zur Schutzmacht; nach 1932 wandten sie sich, eher zögerlich, Deutschland zu; von 1944 bis 1989 war die Sowjetunion die einzig realistische Perspektive. Und nun ist es »Europa«.

Und es ist »Europa« zu »europäischen« Konditionen. Es ist dies das letzte gemeinsame Glaubensbekenntnis unter osteuropäischen Demokraten: Eben weil sie Teil Europas *sind,* sollten die befreiten Länder Osteuropas auch dazugehören. Für Lokalpolitiker ist dieser Glaubenssatz zum verzweifelten, mittelfristigen Hasardspiel geworden. Wenn ihnen die Aufnahme in ein sicheres, wohlhabendes »Europa« gelingt, dann haben sich die Opfer, die sie von ihren Wählern fordern – Arbeitsplatz und Sicherheit einzutauschen gegen Ungleichheit und Risiko – gelohnt. Werden sie aber zurückgewiesen, werden sie zu lange in Warteposition gehalten oder nur zu unsinnigen oder unfairen Bedingungen akzeptiert, dann wird »Europa« im Vokabular der Nationalisten nur noch als abschätziger Begriff auftauchen, und die Gegenreaktion auf den Versuch einer Anbindung an den Westen – und weiter auch auf die Revolution von 1989 – könnte in der Tat schwerwiegende Folgen haben.

Für die Intellektuellen, die als erste das Wort von der »Rückkehr nach Europa« aufgebracht haben, ist die Situation nicht minder deprimierend. Sie haben bereits teil an Europa, und mögen in Wien oder Paris mehr gefragt sein als in ihren Heimatstädten. Doch mit ihrem eigentlichen Anliegen, der eigenen (tschechischen, polnischen, ungarischen, kroatischen) Kultur einen festen Platz in diesem Europa zu verschaffen, sind sie nicht weitergekommen. Das in den achtziger Jahren für kurze Zeit heftig erblühte Interesse an ost- (genauer »zentral«-) europäischen Dingen, ist bereits wieder verblaßt. Die Staaten Westeuropas haben genauso wie die Vereinigten Staaten mehr Interesse an Rußland als an seinen ehemaligen Satelliten und sind mehr mit den eigenen Problemen beschäftigt als mit denen ihrer kleinen östlichen Nachbarn.

Die Aufnahme potentieller »europäischer« Völker aus den Reihen der ehemaligen Vielvölkerstaaten, wie etwa Tschechen oder Serben, fiel weit weniger herzlich aus, als diese erwartet hatten. Aber selbst wenn die Westeuropäer die besonderen Qualitäten jenes anderen Europa nie als gleichberechtigt erkennen und schätzen lernen werden, so bleibt wenigstens die Hoffnung, daß sie, gemäß ihren eigenen Grundsätzen, die Osteuropäer als Mitbewohner desselben Kontinents akzeptieren. Wenn wir schon nicht zu »Europa« gehören können, mögen die letzteren sagen, so wollen wir doch wenigstens Teil davon sein. Oder ist auch das schon eine Illusion?

3
Abschied von alledem?

In einer seiner Schriften meinte Hans Magnus Enzensberger, die Europäer hätten in den ersten Jahren nach dem Krieg Schutz in kollektivem Gedächtnisverlust gesucht. Dieser Impuls, zu vergessen und statt dessen neu anzufangen, war erstaunlich erfolgreich. Nur zwei Jahre nach Hitlers Niederlage brach der Kalte Krieg aus und drei Jahre danach der Koreakrieg; kaum war er zu Ende, begann auch schon das Wirtschaftswunder. Da war keine Zeit, und sicherlich auch kein Anreiz, um sich mit der Erfahrung von Krieg und Besatzung auseinanderzusetzen – es blieb sozusagen keine Zeit zum Trauern. Revolutionäre Bürgerkriege, wie sie nach 1945 den Kontinent heimzusuchen drohten, waren im Keim erstickt worden, und ihre Ursachen verschwanden unter kollektiver Selbstbeweihräucherung: »Wir« haben den Krieg gewonnen; »wir« haben Widerstand geleistet; »wir« werden ein neues und besseres Europa bauen.

Hätten es vor allem die Westeuropäer nicht so eilig gehabt, diesen Krieg hinter sich zu bringen, dann hätte sich der Wiederaufbau vieler europäischer Staaten, geschweige denn die Gründung einer Europäischen Gemeinschaft, sehr viel schwieriger gestaltet. Die Folge war, daß »Europa« sich von einer Rückkehr des Gedächtnisses besonders bedroht fühlen mußte. Für die Gegenwart ist die Vergangenheit eine Bürde, doch zugleich auch eine Quelle der Einsicht, oder wie Ernest Renan feststellt: »L'oubli et je dirais même l'erreur historique, sont un facteur essentiel de l'histoire d'une nation et c'est ainsi que le progrès des études historiques est souvent pour la nationalité un danger.«[*]

Doch es waren nicht die Geschichtswissenschaften, die die simplen Gewißheiten der Übereinkunft in der Nachkriegsära unterminierten. Es war die Geschichte selbst. Natürlich haben auch die Historiker ihren Anteil daran gehabt. Da sind die Untersuchungen über das Vichy-Frankreich (bemerkenswert und symptomatisch ist, daß diese Studie von einem nichteuropäischen Wissenschaftler, von Robert Paxton von der Columbia Universität, publiziert wurde); der Historikerstreit in Westdeutschland, als unter Historikern und anderen laut darüber nachgedacht wurde, ob die Erfahrung der Naziherrschaft im allgemeinen und die Judenvernichtung im besonderen, ein singuläres Ereignis gewesen sei oder nicht; die Revision in der österreichischen Geschichtsschreibung im Zusammenhang mit der Affäre um Kurt Waldheim und seinen Gedächtnisverlust hinsichtlich seiner Aktivitäten während des Krieges; und schließlich die ersten zaghaften Zweifel an der Antifaschismus-Legende in Italien, die vor allem in der Studie Claudio Pavones über den italienischen Bürgerkrieg von 1943 bis 1945 laut wurden. All das hat zu einem vielschichtigeren Bild vom

[*] »Das Vergessen und, wie ich meine, auch der historische Irrtum sind wesentliche Elemente in der Geschichte einer Nation, und der Fortschritt in der Geschichtswissenschaft bedeutet daher häufig eine Bedrohung für die Identität der Nation.«

Europa des Jahres 1945 und der Last seiner Vergangenheit beigetragen.* Doch was die Perspektive tatsächlich verändert und die Nachkriegszeit zu einem verspäteten Ende gebracht hat, sind die Ereignisse von 1989.

Denn das Ende des Kommunismus markiert auch den Beginn des Erinnerns. Dies zeigt sich in den ehemals kommunistischen Ländern besonders deutlich. Was man dort über Geschichte und Politik Zentral- und Osteuropas in den vergangenen sechzig Jahren nicht aussprechen, ja nicht einmal wissen durfte, ist jetzt ans Licht gekommen und hat dabei vielfach zu erneuter heftiger Verdrängung von anderen, nicht weniger unangenehmen Erinnerungen geführt.** Der optimistische Glaube der Ostdeutschen, daß wirtschaftlicher Aufschwung das geteilte Land einen und unangenehme Erinnerungen wegwischen würde – mit anderen Worten der Versuch, das bundesdeutsche ›Wirtschaftswunder‹ mit seinen Segnungen zu wiederholen –, hatte nicht so sehr mit der Existenz solcher Erinnerungen zu tun, sondern mit der Abwesenheit jeglicher wirtschaftlicher Entwicklung, die jener Westdeutschlands in den frühen fünfziger Jahren vergleichbar gewesen wäre.

* Der tiefgreifende Gedächtnisverlust, den sich vor allem Österreich selbst verordnet hatte, ist in der Tat beeindruckend. Da ist nicht nur die Leichtigkeit, mit der man über die Repressalien von 1934, die Begeisterung von 1938 und die Mittäterschaft, die ihr folgte, hinweggeht. Die Österreicher und ihre Historiker haben immer noch nicht ganz verarbeitet, wie unverdient einfach ihnen nach dem Krieg die Aufnahme in die »Europäische Familie« gemacht wurde, ganz zu schweigen von den Vorteilen, die vier Jahrzehnte selbstgefälliger Neutralität ihrem Land gebracht haben.

** Ich habe dieses Thema ausführlich behandelt in dem Aufsatz »The Past is another country: Myth and Memory in postwar Europe«, Daedalus, 121, iv, Herbst 1992.

Dennoch war die moralische Verunsicherung durch die Ereignisse von 1989 im Westen paradoxerweise größer als im Osten. Immerhin war sich die Mehrzahl der Osteuropäer darüber im Klaren gewesen, daß sie einer Lebenslüge folgten und die offiziellen Darstellungen ihrer Vergangenheit mit ihren eigenen Erinnerungen und aktuellen Erfahrungen wenig zu tun hatten. Für die meisten Bürger ehemals kommunistischer Staaten bestand das »Trauma« von 1989 zunächst vor allem in sozio-ökonomischem Umbruch und politischer Enttäuschung. Im Westen aber wurde damit an eine Vielzahl von Illusionen und Verdrängungen gerührt. Am spürbarsten ist das Dilemma in Frankreich. Nachdem die Franzosen eben erst geläutert aus der ernüchternden Konfrontation mit der eigenen Kriegsvergangenheit und den vier Jahrzehnten ihrer Verdrängung hervorgegangen sind – von Henry Rousso als »Vichy-Syndrom« bezeichnet –, sehen sie jetzt auch all jenes bedroht, was sie über ihre Stellung im Nachkriegseuropa zu glauben gewohnt waren.

Der Kern des deutsch-französischen Kondominium, um das herum sich Westeuropa aufbaute, bestand aus einer für beide Seiten vorteilhaften Übereinkunft: Die Deutschen besaßen die wirtschaftlichen Mittel, während sich die Franzosen die politische Initiative vorbehielten. In den Anfängen verfügten die Deutschen noch nicht über solchen Reichtum wie heute, weshalb die französische Vormachtstellung durchaus real war. Spätestens aber ab Mitte der fünfziger Jahre verschob sich das Verhältnis. Frankreichs Hegemonie beruhte seither auf einer Atomwaffe, die es nicht nutzen konnte, einer Armee, die es innerhalb der Grenzen des Kontinents nicht einsetzen konnte und auf einer Reputation in der internationalen

Politik, die weitgehend von Frankreichs Selbstverständnis als einer der drei Siegermächte des Zweiten Weltkrieges bestimmt war. Die unausgesprochene Prämisse der französischen Beziehungen zu Westdeutschland lautete: Ihr tut so, als wäret ihr nicht mächtig, und wir tun so, als merkten wir nicht, daß ihr es doch seid.

Die französisch-deutschen Beziehungen seit den sechziger Jahren haben eine gewisse Ähnlichkeit mit dem Verhältnis zwischen Österreich und Preußen zu Beginn des 19. Jahrhunderts. Für Österreich war es keine Gefahr, ja eher von Vorteil, wenn Preußen reich wurde und seinen Einfluß im sich industrialisierenden Norden ausdehnte, solange Habsburg als Seniorpartner im deutschsprachigen Europa anerkannt und entsprechend respektiert war. Als die Österreicher schließlich erkannten, daß dies nichts als ein Ehrentitel war und Preußens Wohlstand sowohl den Wunsch nach größerem Einfluß wie auch die Mittel zu seiner Verwirklichung mit sich brachte, da war es bereits zu spät. Das geschlagene und bevormundete Österreich war zur zweitrangigen Macht degradiert und hatte in einem fortan geeinten Deutschland nichts mehr zu sagen. Natürlich besteht nicht die Gefahr, daß Frankreich von den Deutschen eine weitere (militärische) Niederlage zugefügt bekommt, doch in jeder anderen Hinsicht ist der Vergleich durchaus zutreffend.

Als 1989 der Eiserne Vorhang fiel und ein Deutschland entstand, das weit größer und wohlhabender war als Frankreich, ging eine einzigartige Epoche in der diplomatischen Geschichte Frankreichs zu Ende. Zwischen 1951 und 1989 hatten die Franzosen über jenen besonderen Handlungsspielraum – und über die Illusion von realer Macht – verfügt, die das Bündnis mit einem starken, aber harmlosen Anrainer mit sich brachte. Zum ersten

Mal seit Jahrhunderten war damit auch die einzige wirkliche Bedrohung weit in den Osten gerückt. Doch diese simple politische Priorität verstellte den meisten Franzosen den Blick auf die stetig schwindende Bedeutung ihres Landes innerhalb Europas.

Einige Zahlen aus der Wirtschaft mögen dies verdeutlichen. Um 1900 hätte ein Schaubild zum wirtschaftlichen Einfluß Frankreichs (gemessen an der gegenseitigen Bedeutung seines Handels mit anderen Ländern) sein Territorium auf das »Europa der Neun« – die ursprünglichen Sechs plus Großbritannien, Irland und Dänemark – beschränkt. Schon damals aber hatte der wirtschaftliche Einfluß Deutschlands das »Europa der Fünfzehn« weit überschritten und dehnte sich nach Süden und Osten auf den restlichen Kontinent aus. Was das bedeutet, ist klar. Den Franzosen gelang es zwischen 1951 und 1990 allenfalls, ihren Einflußbereich zu halten, während die Deutschen den ihren über den ganzen Kontinent erweiterten. Frankreich ist damit zurückgefallen auf den Rang einer Lokalmacht am Rande Europas, und Deutschland hat sich, bereits vor der Vereinigung, wieder zur bedeutendsten Macht in Europa emporgearbeitet.

Da jedem daran gelegen war, diese Tatsachen bis zuletzt zu bestreiten, war der Schock am Ende um so größer. Gerade weil sie gedemütigt aus dem Zweiten Weltkrieg hervorgegangen waren (eine Demütigung, die durch die militärische Niederlage in Vietnam, die Auseinandersetzungen in Nordafrika und den Zusammenbruch der Nachkriegsrepublik 1958 noch verstärkt wurde), hatten die Franzosen allen Grund, auf ihrer Vormachtstellung in einem kleinen Europa zu bestehen, zumal ihre Interessen hier, wie wir gesehen haben, besonders gut aufgehoben waren. In gewisser Hinsicht aber waren die Ereignisse von 1989 für die Deutschen nicht minder problematisch. Während bei den Franzosen Schwäche und schwindende internationale Macht unangenehme Erinnerungen wachriefen, machte den Deutschen das erneute Anwachsen ihrer Macht zu schaffen. Deutschen Politikern von Adenauer bis Kohl war es immer ein Anliegen, die deutsche Stärke herunterzuspielen, sich den politischen Initiativen der Franzosen unterzuordnen und zu betonen, daß sie weiter nichts wünschten als ein stabiles Deutschland in einem prosperierenden Europa. So wurden sie schließlich Opfer ihrer eigenen Rhetorik, als sie Europa 1989 mit einem muskelstrotzenden Staat konfrontierten, der sich aber über seine nationale Bestimmung nicht im Klaren war.

Folglich hat Deutschland heute seine nationale Tagesordnung ein wenig überfrachtet. Zu den wirtschaftlichen Problemen mit der Integration der neuen Bundesländer kommt jetzt auch noch das Paradox der Ostpolitik: daß nämlich viele deutsche Politiker, besonders aus dem linken Spektrum, mit dem Status quo gar nicht so unzufrieden waren und die Mauer gerne noch länger behalten hätten. Vor 1989 hatten in Westdeutschland vor allem die Sozialdemokraten nichts von politischer Verfolgung in der DDR hören wollen, Ostpolitik und Entspannung hatten Vorrang. So mancher damalige ostdeutsche Dissident erinnert sich noch gut daran, wenngleich die meisten Westdeutschen hier eine Gedächtnislücke aufweisen. Außerdem stellt ihr Machtzuwachs die Deutschen vor gewisse Schwierigkeiten. Jetzt, wo ihnen ganz offensichtlich eine Führungsrolle in Europa zukommt, müssen sie sich fragen, wohin sie Europa eigentlich führen sollen. Und welches Europa ist dann gemeint? Das nach Westen tendierende, von Frankreich aus der Taufe gehobene »Europa« oder jenes traditionelle, von deutschen Interessen bestimmte, in dem Deutschland nicht den östlichen Rand, sondern die Mitte bildet? Auch dies ruft Erinnerungen wach. Ein Europa mit Deutschland in der Mitte weckt bei vielen, nicht zuletzt bei vielen Deutschen, Assoziationen, die man seit 1949 zu verdrängen suchte. Aber das Bild eines Deutschland mit leidenschaftlichem, aber nicht unbedingt logischem Drang nach Westen hin, so als wäre dies die einzige Rettung der Nation vor ihren Dämonen, ist auch nicht sehr überzeugend.

Im Sperrfeuer der Euro-Debatten mit ihren Dauerthemen – einheitliche Währung, Währungsunion, offene (oder geschlossene) Grenzen, Standardisierung und Mehrheitsentscheidung, die seit 1955 oder früher in wechselnder Form zur Sprache kommen – ist nur eine Frage wirklich von Belang: Soll Europa erweitert werden? Und wenn ja, wie weit und zu welchen Konditionen? Je umfassender die Erweiterung und je strenger die Bedingungen, desto unübersehbarer wird die zentrale Lage Deutschlands. Aus diesem Grund hat Frankreich, das vierzig angenehme Jahre in einem begrenzten, peripheren Europa zugebracht hat, berechtigte Ängste vor einer solchen Erweiterung. Nicht daß sie eine Veränderung der tatsächlichen Machtverhältnisse auf dem Kontinent mit sich brächte, sondern weil sie eine bereits bestehende Verlagerung manifest machen würde. Wenn Europa schon nicht auf dem Status quo verharren kann, so bietet sich nur eine Alternative, nämlich mehr Zeit auf die Verfeinerung – und Erhaltung – des »real existierenden Europa« zu verwenden und seine Osterweiterung (es sei denn zu unsinnigen Bedingungen) so lange wie möglich hinauszuschieben.

Was aber, wenn sich Deutschland und Frankreich

(oder besser deren Politiker, denn bei den Wählern beider Länder, das haben Umfragen gezeigt, wächst der Euro-Skeptizismus) einer dauerhaften Illusion hingeben und diese bei anderen nähren? Denn die informierten Führungsschichten beider Länder hätten guten Grund, es besser zu wissen. Hat nicht Mitterrand das tatsächliche Problem eines Europa nach 1989 instinktiv gefürchtet und abzuwenden versucht: daß nämlich jegliche Erweiterung nur auf Kosten seines jetzigen Bestandes gehen kann? Daß ein geeintes Europa, kurz gesagt, zum Null-Summen-Spiel geworden ist, in dem die derzeitigen Mitglieder für eine Ausdehnung seiner Wohltaten auf östliche Neuzugänge zu zahlen hätten? Dies ist natürlich nichts Neues; ähnliche Befürchtungen und Bedenken wurden laut, als seinerzeit Griechenland, Spanien und Portugal an Bord genommen wurden. Doch diese Furcht hat Konjunktur.

Kann die Europäische Union in ihrer jetzigen Gestalt die ehemals kommunistischen Länder Europas eingliedern? Allein aus wirtschaftlicher Sicht würde dies eine schwere und unliebsame Belastung bedeuten. Zum Budget der EG von 1992 haben nur vier Länder effektiv beigetragen: Deutschland, Großbritannien, Frankreich und die Niederlande (in absteigender Reihenfolge ihres Pro-Kopf-Beitrags). Nutznießer waren in nämlicher Reihenfolge Luxemburg, Irland, Griechenland, Belgien, Portugal, Dänemark, Spanien und Italien. Zwar sind die zukünftigen Neuzugänge – Schweden, Finnland und Österreich – alle potentielle Beiträger, doch ist ihr Beitrag zu klein, um ins Gewicht zu fallen. Dagegen aber fallen alle weiteren möglichen Anwärter (mit Ausnahme der Schweiz) in die Kategorie der Nutznießer.

Man hat (in einer Studie der Bertelsmann-Stiftung aus

111

dem Jahre 1994) geschätzt, daß allein die vier Länder der
»Višegrad-Gruppe« – Polen, die Tschechische Republik,
die Slowakei und Ungarn – die Europäische Union jährlich 20 Milliarden Mark an direkter Unterstützung kosten würden. Das übersteigt den Betrag, der derzeit für
Spanien, Portugal, Griechenland und Irland zusammen
aufgewendet wird. Rumänien, Bulgarien und andere
würden sogar noch mehr kosten und entsprechend weniger beitragen. Der Lebensstandard bei den wohlhabend-
sten der ›Kandidaten‹, Ungarn und die Tschechische
Republik, liegt um mehr als 50 Prozent unter dem
Durchschnitt der jetzigen Union; bei den Ärmeren liegt
er bei etwa einem Fünftel. Um mit Jane Kramer zu sprechen: »Die Idee von ›Europa‹ funktionierte so lange, wie
keiner unter ihr gelitten hat oder glaubte unter ihr zu leiden.« Abgesehen davon, ob nun jemand »leidet« oder
nicht; jedenfalls würde es die Union eine Menge Geld kosten – mehr als sie sich im Moment leisten kann –, diese
zukünftigen Mitglieder *auf dieselbe Stufe zu stellen* wie
ihre jetzigen.

Und neben den wirtschaftlichen gibt es noch andere
Erwägungen. Man spricht zwar nicht gerne darüber,
aber die meisten osteuropäischen Länder genügen nicht
im entferntesten den Anforderungen für eine Mitgliedschaft, wenn es um die Rechte des Individuums und der
Minderheiten, seien sie religiöser, nationaler oder ethnischer Natur, geht. Die Gefährdung der ungarischen Minderheiten in Rumänien und der Slowakei sowie die üble
Behandlung von Zigeunern in der gesamten Region dis-
qualifizieren weite Teile für eine Mitgliedschaft unter
den derzeitigen Vorschriften. Ähnliches gilt für die Einschränkungen der Pressefreiheit in der Slowakei und in
Rumänien und für die mangelnde Unabhängigkeit der

Medien in fast allen Teilen der Region – Polen macht hier eine löbliche Ausnahme. Natürlich muß dergleichen auch für Griechenland angemerkt werden, was die Diskriminierung der Albaner und anderer nicht-orthodoxer Gruppen anbelangt, ganz zu schweigen vom wenig nachbarschaftlichen Umgang mit dem neuen Staat Makedonien im Norden. Doch die Anwesenheit eines halb-demokratischen Balkanstaats innerhalb »Europas« ist noch keine Rechtfertigung für weitere scheinheilige Ausnahmen.

Alles sähe anders aus, wenn die Europäische Union so wohlhabend wäre wie ehedem. Wäre die Berliner Mauer, sagen wir, 1971 gefallen, so hätte es zwar ähnliche Vorbehalte gegen eine Osterweiterung gegeben, aber die realen ökonomischen Schwierigkeiten ihrer Umsetzung wären bei weitem geringer gewesen. Die Belastung hätte in etwa jener entsprochen, die Deutschland heute als Preis für die eigene Vereinigung zu zahlen hat. Doch der Grad an sichtbarem Wohlstand und Wachstumschancen ist im Westen nicht mehr derselbe. Die große Ölkrise von 1974 hat selbst die robustesten unter den europäischen Volkswirtschaften erschüttert. In der Bundesrepublik zum Beispiel fiel das Bruttosozialprodukt 1974 um 0,5 Prozent und 1975 noch einmal um 1,6 Prozent. Das waren unerwartete Einbrüche ins deutsche Nachkriegs-Wirtschaftswunder. 1981 und 1982 mußten Einbußen von 0,2 Prozent respektive 1 Prozent verbucht werden. In Italien sank das Bruttosozialprodukt 1976 zum ersten Mal nach Kriegsende (um 3,7 Prozent). Weder Deutschland noch die anderen westeuropäischen Volkswirtschaften haben sich jemals ganz davon erholt.

Dies ist kaum verwunderlich. 1950 war Westeuropa mit nur 8,5 Prozent seines Energieverbrauches vom Öl abhängig; der Rest wurde, wie wir bereits gesehen haben, von Europas einheimischem, billigem fossilem Brennstoff, der Kohle, bestritten. 1970 dagegen war der Anteil des Öls am europäischen Energieverbrauch auf 60 Prozent angestiegen. Zudem setzte die Vervierfachung des Ölpreises einem Jahrhundert billigen Energieverbrauchs ein Ende, und entsprechend stiegen auch die Preise für Produktion, Transport und das tägliche Leben.

Die Folgen für die Europäische Gemeinschaft waren schwerwiegend. Ihre Bedeutung hatte darin bestanden, den Bedürfnissen aller Mitgliedsländer gleichermaßen gerecht zu werden. Diese waren in den einzelnen Ländern aufgrund der Erfahrungen der Zwischenkriegszeit und entsprechender Erinnerungen deutlich verschieden. Die Belgier etwa fürchteten (wie die Briten) nichts mehr als Arbeitslosigkeit; den Franzosen war es ein Anliegen, die malthusianische Stagnation früherer Jahrzehnte zu vermeiden; der größte Schrecken der Deutschen war eine instabile, inflationierende Währung. Die stagnierende Wirtschaftsentwicklung nach 1974 schürte alle diese Ängste gleichermaßen, indem sie ein Anwachsen der Arbeitslosenzahlen, das Ende des Wachstums und einen rapiden Preisanstieg mit sich brachte.

Ein unvorhergesehenes Wiederaufleben der alten Leiden war die Folge. Die Phase permanenten Wachstums mit stabilen Währungen und annährender Vollbeschäftigung hat in den siebziger Jahren ihr Ende gefunden und sich seither nicht wiederholt. »Europa« kann daher seinen Mitgliedern nicht mehr die gleichen Vorteile bieten wie ehedem, geschweige denn sie auf eine wachsende Zahl von Nutznießern ausdehnen. Es waren die Ereignisse des Jahres 1989, die das Problem offenkundig werden ließen, doch die Ursprünge dieser Schwäche in der

Gemeinschaft liegen fünfzehn Jahre zurück. Und ihr Kern ist die Arbeitslosigkeit, denn gerade hier liegt der große Bruch mit den Versprechungen aus früheren Tagen.

Die Erinnerungen an die Arbeitslosigkeit zwischen den Kriegen sind von Land zu Land verschieden. In Frankreich belief sie sich während der dreißiger Jahre auf ganze 3,8 Prozent im jährlichen Durchschnitt und stellte damit keine wirkliche Bedrohung dar. In Großbritannien aber waren bereits in den zwanziger Jahren 7,5 Prozent der Bevölkerung ohne Arbeit, und als ihre Zahl in den Dreißigern auf jährlich 11,5 Prozent stieg, schworen Politiker und Wirtschaftsexperten in allen politischen Lagern, daß so etwas nie wieder passieren dürfe. In Belgien und Deutschland, wo die jährliche Durchschnittsquote bei nahezu 9 Prozent lag, war die Stimmung ähnlich. Es war daher nach dem Krieg eines der großen Verdienste der europäischen Wirtschaft, daß in Nord- und Westeuropa während der sechziger und siebziger Jahre weitgehende Vollbeschäftigung herrschte. In Westeuropa waren während der sechziger Jahre jährlich im Durchschnitt nur 1,6 Prozent der Bevölkerung arbeitslos. Doch schon im folgenden Jahrzehnt stieg ihre Zahl auf 4,2 Prozent und hat sich in den späten achtziger Jahren noch einmal verdoppelt. Der jährliche Durchschnittswert in der EG lag damals bei 9,2 Prozent; 1993 waren es 11 Prozent.

Hinter diesen ohnehin schon deprimierenden Zahlen scheinen Gesetzmäßigkeiten auf, die noch viel beunruhigender sind. Die Arbeitslosenrate bei jungen Männern und Frauen unter fünfundzwanzig lag 1993 in sechs Ländern der Gemeinschaft bei über 20 Prozent (Spanien, Irland, Frankreich, Italien, Belgien, Griechenland). Noch aufschlußreicher ist die Tatsache, daß über ein Drittel der Arbeitslosen in Spanien, Irland, Frankreich, Italien, Belgien, Griechenland, Großbritannien, den Niederlanden und dem ehemaligen Westdeutschland Langzeitarbeitslose sind. Selbst bei den wohlhabenderen unter den Anwärtern auf Mitgliedschaft, Schweden und Finnland, herrschte im Dezember 1993 eine hohe Arbeitslosigkeit unter den Jugendlichen; der landesweite Prozentsatz in Finnland betrug 16 Prozent. Die Umverteilung, die infolge der Inflation in den achtziger Jahren stattfand, ließ die Wirkung dieser Zahlen noch spürbarer werden, indem sie die Kluft zwischen Arbeitenden und Arbeitslosen wachsen ließ. Auch ist bezeichnend, daß die positive Wirkung der wirtschaftlichen Aufwärtsbewegungen, die noch in den Jahren des Booms die freien Kapazitäten des Arbeitsmarktes aufnahmen und Schlechtergestellte auffingen, inzwischen ausbleibt. Wer denkt heute noch an die Phantasien der sechziger Jahre, in denen man unbekümmert annahm, die Fragen der Produktion seien gelöst und es ginge lediglich darum, die Verteilung zu gewährleisten und Überschüsse zu vermeiden.

Die Kombination aus schnellem Wachstum – mit der Expansion der Städte und Umstrukturierung ihrer Lebensräume – und anschließender wirtschaftlicher Stagnation bedroht Westeuropa mit erneuter ökonomischer Unsicherheit, eine Situation, wie sie den Europäern seit den vierziger Jahren nicht mehr begegnet ist. Das Ausmaß an sozialer Unruhe und physischer Bedrohung, das damit einhergeht, kommt jenem der frühen industriellen Revolution gleich. Über ganz Westeuropa verstreut finden sich heute trostlose Trabantenstädte, verwahrloste Vorstädte und verkommene Stadtzentren. Selbst die großen Kapitalen – London, Paris, Rom – sind bei weitem nicht mehr so sauber, so sicher und so aufstrebend, wie sie es vor nur dreißig Jahren noch waren. Hier wie in Dutzenden von Provinzstädten von Lübeck bis Lyon bildet sich eine städtische Unterschicht, unterteilt in jene, die gehaßt werden, in der Regel weil sie fremd, oft dunkelhäutig sind, und jene, die hassen – jung, vorwiegend männlich und fast ausschließlich weiß. Daß diese bedrückenden Entwicklungen der letzten zwanzig Jahre keine schärferen sozialen und politischen Folgen hatten, verdankt sich allein dem System sozialer Wohlfahrt, das Westeuropa sich seit 1945 geschaffen hat.

Der Wohlfahrtsstaat in seinen vielen Ausformungen ist *die* große Errungenschaft in Westeuropas jüngster Vergangenheit. Er unterscheidet uns nicht nur von den Vereinigten Staaten, wo es nahezu keine staatliche Gesundheitsfürsorge und keinen Schutz der Gemeinschaft als ganzer gibt, sondern auch von Osteuropa, wo derartige Maßnahmen oft nur in der Theorie existierten. Neben diesen unumstrittenen sozialen Leistungen bot der Sozialstaat ein wirksames politisches Ventil. Wäre dem nicht so gewesen, dann hätte die Depression der letzten Jahre bereits ähnlich verheerende Wirkung gezeitigt wie in den vierziger Jahren des vergangenen Jahrhunderts oder in den Dreißigern unseres Jahrhunderts, und die Illusion von der Dauerhaftigkeit der Stabilität, wie sie nach dem Krieg entstand, wäre lange dahin.

Wie so vieles andere im Nachkriegs-Europa erwuchs auch die zunehmende Versorgung mit sozialen Leistungen und Institutionen der Wohlfahrt unmittelbar aus den Erfahrungen der Jahre zwischen den Kriegen, die sich nicht wiederholen sollten. Es ist kein Zufall, daß gerade jene Länder, denen es in den dreißiger Jahren besonders schlecht ging, später zu Vorreitern sozialer Reformen wurden. Nirgends war die Arbeitslosigkeit vor dem Krieg so hoch wie in Skandinavien (in Dänemark traf sie 42 Prozent der arbeitsfähigen Bevölkerung, in Norwegen betrug sie 1932 33 Prozent, in Schweden 32,5 Prozent). Und von Anfang an unterschied sich der Wohlfahrtsstaat in Skandinavien und in Großbritannien von seinen eher zurückhaltenden Varianten auf dem Kontinent: Es gab umfassende soziale Rechte, eine hohe Steuerprogression, geringe Einkommensunterschiede, Unterstützungen und eine zentrale Versorgung mit sozialen Leistungen. Zwischen 1945 und 1951 gab die britische Labour-Regierung 10 Prozent ihres Staatshaushalts für Sozialleistungen und Beihilfen aller Art aus. In Dänemark lag die entsprechende Zahl bei 9,8 Prozent, in Schweden bei 8,7 Prozent und in Norwegen bei 7,8 Prozent. 1973, als die ersten Proteste gegen die Steuerbelastung in der Wählerschaft laut wurden, machte der Prozentsatz dieser Ausgaben in allen skandinavischen Ländern mindestens 22 Prozent des Staatshaushalts aus.

Das übrige Europa folgte nur langsam diesen Beispielen. Die christdemokratischen Regierungen in Italien (unter Alcide de Gaspari), Westdeutschland (unter Konrad Adenauer) und Frankreich (wo Georges Bidaults Mouvement Républicain Populaire für fast zehn Jahre nach der Befreiung im Amt war) waren zwar keine Vertreter von sozialer Versorgung »von der Wiege bis zur Bahre«, aber selbst hier herrschte Einvernehmen darüber, daß ein gleichbleibend hohes Ausgabenniveau für die Bereiche Erziehung, medizinische Versorgung, Wohnungsbau, Sozialversicherung und Renten unabdingbar sei. Geht man davon aus, daß die Rüstungsausgaben niedrig waren, ja in vielen Fällen noch zurückgingen, so kann der Prozentsatz des Bruttosozialprodukts, den Regierungen für Sozialleistungen aufwendeten, als annähernd zuverlässiges Barometer für den Stellenwert des Volkswohls in der jeweiligen Volkswirtschaft gelten. Nachdem die Ausgaben für den sozialen Sektor zwischen 1938 und 1950 nur langsam angestiegen waren, hatten sie in prosperierenden Volkswirtschaften in den folgenden 25 Jahren einen dramatischen Anstieg zu verzeichnen:

Staatsausgaben (in Prozent des Bruttosozialprodukts)

	1938	1950	1973
Frankreich	23,2	27,6	38,8
Deutschland*	42,2	30,4	42,0
Niederlande	21,7	36,8	45,5
Großbritannien	28,8	34,2	41,5

Die Hauptnutznießer dieser üppig fließenden öffentlichen Gelder waren jene Erwachsenen, die selbst noch harte Zeiten erlebt hatten und daher durchaus willens waren, für die Absicherung ihres Lebens mit hohen Steuersätzen zu bezahlen oder, im Falle Frankreichs, diese durch erhebliche Abgaben der Arbeitgeber zu finanzieren. Da die Mehrzahl der Bevölkerung Arbeit hatte und – dank des Baby-Booms der Nachkriegszeit – jung und zunehmend gesund war, schien der Wohlfahrtsstaat versicherungsmathematisch gut abgesichert. Doch es funktionierte nur so lange, wie die Wirtschaften florierten und die hohen Kosten durch Vollbeschäftigung finanziert werden konnten. Als sich die Arbeitslosigkeit

* Die hohe Zahl für 1938 erklärt sich aus den hohen öffentlichen Ausgaben der Nazis, nicht zuletzt für Waffen und Militär.

119

ausbreitete, schlug die Unterstützung der Arbeitslosen mit unverhältnismäßig hohen Summen zu Buche und verminderte die Ressourcen. Dies konfrontierte die Solidargemeinschaft, die sich nun deutlich in Geber und Nehmer zu spalten begann, mit Belastungen, die den Konsens unterminierten.

Doch mehr noch als Arbeitslosigkeit bedroht die Überalterung der Gesellschaften die Wohlfahrtstaaten Westeuropas. Der Baby-Boom hatte 1964 seinen Höhepunkt erreicht, in den Mittelmeerländern ein wenig später. Seither hat die Zahl der Kinder pro Familie kontinuierlich abgenommen. Manche Gesellschaften, zum Beispiel Italien und Spanien, haben sogar rückläufige Bevölkerungszahlen zu verzeichnen. In Spanien lag die Geburtenrate pro 1000 Einwohner 1993 bei dem historischen Tiefpunkt von 1,1 Kind. Eigentlich könnte dies als gute Nachricht gelten, denn bei geringerer Nachfrage wird sich der Mangel an Arbeit nicht so negativ auswirken, auch wenn solche Einbrüche in der Geburtenrate jede Einstellungsstrategie und Planung im Bildungsbereich durcheinanderbringen. Doch inzwischen stehen die Europäer vor der Schwierigkeit, daß immer weniger junge Menschen, von denen viele zudem noch arbeitslos sind, eine wachsende Zahl älterer Menschen zu unterstützen haben. Ein System aus einer Zeit, als eine blühende Wirtschaft vielen jungen Menschen Arbeit bot und mit deren Hilfe für die Bedürfnisse einer relativ geringen Zahl von Alten und Kranken sorgen konnte, ist inzwischen unter erheblichen Druck geraten.

In Nord- und Westeuropa ist seit der Mitte der sechziger Jahre die Zahl der Einwohner über 65 Jahre mittlerweile je nach Land um 12 bis 17 Prozent angestiegen. Außerdem kann man jene unter 65 auch nicht mehr

automatisch zum »produktiven« Teil der nationalen Glei-
chung rechnen: In Westdeutschland fiel der Prozentsatz
der Männer zwischen 60 und 64, die in einem bezahlten
Arbeitsverhältnis stehen, in den zwei Jahrzehnten nach
1960 von 72 Prozent auf 44 Prozent. In den Niederlanden
ging er von 81 Prozent auf 58 Prozent zurück. Derzeit ist
die Gruppe dieser unterbeschäftigten älteren Menschen
lediglich eine kostspielige Last. Doch wenn die Baby-
Boom-Generation einmal in Rente gehen wird, was etwa
im Jahre 2010 sein wird, dann kann sich das Problem einer
großen, frustrierten, gelangweilten, unproduktiven und
schließlich kränkelnden Bevölkerungsschicht zur sozialen Krise verschärfen. Es sollte schon jetzt zu denken geben, daß Parteien von rechtsextremen Populisten wie Jörg
Haider in Österreich und Le Pen in Frankreich ihre Stim-
mengewinne bei arbeitslosen Jugendlichen und verun-
sicherten Alten machen und nicht bei denen, die Arbeit
haben und in der Blüte ihrer Jahre stehen.

Die meisten europäischen Politiker sind sich darüber
im Klaren, daß der Wohlfahrtsstaat in seiner konsequen-
testen Form auf die Dauer zu kostspielig wird. Das
Kunststück liegt nun darin zu entscheiden, wen man als
ersten enttäuschen soll – die schwindende Zahl seiner
Beiträger oder die wachsende Zahl seiner unfreiwilligen
Nutznießer. Beide Gruppen sind Wähler. Bislang hat
eine Kombination aus Gewohnheit und guter Absicht
eine weitgehende Beibehaltung der sozialen Vergünstigungen im Rahmen der nationalen Ressourcen und Strategien ermöglicht. Aber in den letzten Jahren ist die
»Wohlfahrtsdebatte« um ein Thema erweitert worden,
auf das politische Sachverständige mit unverhältnismäßi-
ger Schärfe reagiert haben. Es handelt sich um die sogenannte »Einwanderungsfrage«.

Schon eine einzige Facette der derzeitigen europäischen Situation kann vereiteln, daß sich die Erfolgsstory der Nachkriegszeit im Europa nach 1989 wiederholt, und das ist die Anwesenheit von Einwanderern – oder vielmehr das weitverbreitete Ressentiment gegen ihre Anwesenheit. Dies entbehrt nicht einer gewissen Ironie, waren es doch die Einwanderer (oder ihre Eltern und Großeltern, denn viele werden in Deutschland, Frankreich oder Großbritannien noch immer als »Einwanderer« betrachtet, obwohl sie dort geboren wurden), die man seinerzeit nachdrücklich ermutigt hatte, die Westindischen Inseln, Westafrika, den Nahen Osten oder Südeuropa zu verlassen und in Länder zu kommen, wo ihre ungelernte oder angelernte Arbeitskraft in den klassischen Industrien wie im neuen Dienstleistungssektor dringend benötigt wurde. Um die Mitte der fünfziger Jahre erreichten die Bevölkerungszahlen in Westeuropa einen Tiefststand, verursacht durch die Verluste des Ersten Weltkriegs, den Rückgang an Neugeborenen während des Krieges und eine weitere Runde ziviler und und militärischer Opfer im Zweiten Weltkrieg. Nach dem Mauerbau waren es in Westberlin die Türken, die die von den Ostdeutschen zurückgelassenen Lücken im Arbeitsmarkt füllten. Es waren nicht zuletzt die Einwanderer, die das europäische Wirtschaftswunder befördern halfen, zumal sie jung und billig waren. In vielen Fällen kamen sie nach dem Abschluß der ihnen zugänglichen Ausbildungen nach Europa, jedenfalls lange bevor sie der medizinischen Versorgung zur Last fielen. Mit ihnen hat Europa sein bestes Geschäft gemacht; es war dies der letzte und dauerhafte Vorteil, den es aus seinen imperialen Eroberungen zog.

In den frühen sechziger Jahren überstieg in Westeuropa die Zahl der Einwanderer erstmals die der Auswan-

derer. Zwischen 1960 und 1964, als die Einwanderungs-
welle rollte, betrug die durchschnittliche jährliche Ein-
wanderungsrate in den sechs EWG-Staaten plus Großbritannien 569 000, und die Zahl wäre noch höher, hätte
Italien nicht bis in die frühen siebziger Jahre selbst zu den
Auswanderungsländern gezählt. Im Falle Frankreichs
wurden die Zahlen nach 1959 während einiger Jahre
durch die zwangsweise »Repatriierung« von ehemaligen
Kolonialfamilien, den »pieds noirs« aus Nordafrika, infolge des Krieges und der Unabhängigkeit Algeriens
verfälscht. 1973 auf dem Höhepunkt »ausländischer
Präsenz« in Westeuropa betrugen die Zahlen der Fremd-
arbeiter in den Nationen der EWG zusammen mit
Österreich, der Schweiz, Norwegen und Schweden 7,5
Millionen, von denen fast 5 Millionen allein in Frankreich und Westdeutschland lebten und ungefähr 10 Prozent des Arbeitspotentials der beiden Länder stellten.
Nachdem die Regierungen aus ökonomischen wie politischen Gründen die Einwanderung einzuschränken
begannen, fielen die Zahlen zwar deutlich ab, doch die
Präsenz von »Einwanderern« blieb nach wie vor ein bedeutsamer Faktor. Entsprechende Angaben von 1990 be-
sagen, daß die Bevölkerung Deutschlands zu 6,1 Prozent
aus Ausländern bestand, in Frankreich waren es 6,4 Prozent, in Holland 4,3 Prozent und in Großbritannien 3,3
Prozent. Darunter fallen weder die bereits Eingebürger-
ten noch die in den Gastländern geborenen Kinder (obwohl diese in manchen europäischen Ländern Ausländer
bleiben und nicht die vollen Bürgerrechte zugestanden
bekommen). Trotz notorischer Arbeitslosigkeit in den
Gastländern haben viele dieser »Gastarbeiter« vor allem
in schlecht bezahlten Berufsgruppen tatsächlich Arbeit
gefunden. Auf diese Weise sind sie zu einer unverzicht-

baren Sprosse am untersten Ende der ökonomischen Leiter Europas geworden (Ausländer, die als Flüchtlinge kamen, fanden in der Regel keine dauerhafte Anstellung).

Schon einmal, und zwar in der Dekade nach dem Ersten Weltkrieg, hatten Einwanderer in großer Zahl den Weg nach Westeuropa gefunden und waren das Ziel politischer Propaganda geworden, sobald die Umstände es erlaubt hatten. Diese Erfahrung wiederholt sich jetzt. Kein anderes Thema hat in den letzten zehn Jahren so sehr die Aufmerksamkeit und den Zorn von Wählern und Politikern auf sich gezogen. Für die erste Nachkriegsgeneration, zu einer Zeit, als es für alle aufwärts ging, waren die Einwanderer noch eine exotische Quelle billiger Arbeitskraft gewesen. Die »Baby-Boomer«, denen der Wohlstand zur Selbstverständlichkeit geworden war, übersahen Einwanderer und andere Minderheiten geflissentlich. Doch für die verunsicherte und empfindliche Generation, die im letzten Jahrzehnt heranwuchs, bedeutet jegliche Konkurrenz (sei sie nun real oder nur eingebildet) bei Wohnung, Ausbildung, Arbeitsplatz oder Leistungen des Wohlfahrtsstaates eine Bedrohung.

Aber das ist nicht die einzige Veränderung der Sehweise. Nach 1945 waren Vorurteile, ob nun die traditionell europäische Variante des Antisemitismus oder ihre mehr imperialen Erscheinungsformen, überhaupt nicht gefragt. Noch lange nach dem Krieg war Westeuropa eine priviligierte Zone, in der rassistische Äußerungen als verachtenswert galten, extremistische Parteien unbekannt waren, das Asylrecht weit verbreitet war und in der man sich aufs schärfste von jener Vergangenheit, die für Diskriminierung, Ausbeutung und Vernichtung stand, distanzierte. Daß hier ein Sinneswandel stattgefunden hatte, können Literatur und Presse der dreißiger Jahre in Frankreich und Belgien ebenso wie in Italien und Deutschland belegen. Er ließ sich um so leichter herbeiführen, da seine Inhalte mit dem Selbstverständnis des »neuen Europa« konform gingen, das mit seiner Politik der offenen Tür in die Praxis umzusetzen schien, was es in seinen rechtlichen Grundsätzen predigte. Doch all dies fand ein beschämend rasches Ende, als Politiker des gesamten politisch legalen Spektrums versuchten, die politische Initiative von den Volksverhetzern mit ihren Ausländer-raus-Parolen zurückzugewinnen. Damit ebneten sie indirekt den Weg für eine Rückkehr zu den schlechten alten Zeiten.

Wie weit dieser Prozeß schon fortgeschritten ist, mag eine kürzlich in Frankreich durchgeführte Meinungsumfrage zeigen. Im Mai 1989 erklärten sich ein Fünftel der Wählerschaft von Ex-Präsident Giscard d'Estaings Partei, der UDF, und 28 Prozent von Jacques Chiracs gaullistischen Anhängern als »im großen und ganzen einverstanden« mit den Ansichten, die das Programm von Le Pens Front National in der Ausländerfrage vertritt. 1991 war die Zahl der Befürworter bereits auf 38 bzw. 50 Prozent angewachsen. Und wenn die Sympathisanten in den Reihen der sozialistischen und kommunistischen Wähler weniger zahlreich waren, so lag das nur daran, daß eine erhebliche Anzahl von ihnen sich ohnehin bereits auf die Seite Le Pens geschlagen hatte (während der Präsidentschaftswahlen von 1995 konnten Le Pen 30 Prozent der Stimmen der nicht arbeitslosen Arbeiterklasse für sich gewinnen, für den sozialistischen Kandidaten stimmten aus dieser Bevölkerungsgruppe nur 21 Prozent).

Es gilt festzuhalten, daß am Ende der achtziger Jahre eine große Minderheit der französischen Wähler gemäßigter Kreise nichts Despektierliches darin sah, sich für politische Positionen stark zu machen, die sie noch zwanzig Jahre zuvor als unannehmbar nahe am Faschismus abgelehnt hätten. (Eine der »Fünfzig Maßnahmen in Sachen Einwanderung«, die Le Pen im November 1991 bekanntmachte, bestand darin, bereits erfolgte Einbürgerungen zurückzuziehen. Ein solcher Akt rückwirkenden Unrechts ist in Frankreich zuletzt unter dem Kollaborationsregime von Marschall Philippe Pétain vorgekommen.) Laut Bruno Mégret, einem der engsten Mitarbeiter Le Pens, gelten die »alten Tabus« nicht mehr. Und was sich in Frankreich beobachten läßt, gilt ebenso für Italien, wo ein neuaufgelegter Neofaschismus seit kurzem regierungsfähig ist, für die Niederlande, wo radikal-nationalistische Gruppierungen zum Mainstream gehören, für Österreich, wo Jörg Haiders »Freiheitliche« des ultrarechten Spektrums 22 Prozent in den Nationalwahlen vom Dezember 1995 erhielten, und selbst für Deutschland, wo man den Zustrom von »Gastarbeitern« und potentiellen Einwanderern »im Interesse der Betroffenen« immer weiter erschwert.

Und dieses Problem wird auch weiterhin virulent bleiben, ist doch die Anwesenheit von Fremden in Westeuropa dauerhaft und offenkundig. Wieder einmal sind Wanderungsbewegungen zwischen und innerhalb der Kontinente an der europäischen Tagesordnung, und die alten Ängste und Vorurteile werden dafür sorgen, daß man sie weiterhin als störend empfindet und entsprechend politisch ausbeutet. Ähnlich starke Ressentiments, wie sie in früheren Jahrzehnten polnischen, portugiesischen oder italienischen Einwanderern entgegengebracht wurden, haben sich im Laufe der Zeit abgebaut, nachdem deren Kinder weder durch Religion, Sprache oder Haut-

farbe auffielen und sich somit gut in die soziale Landschaft einfügten. Diesen Vorzug kultureller und physischer Unauffälligkeit werden ihre Nachfolger aus der
Türkei, Afrika, Indien oder von den Antillen nicht
haben. Wenn es um wirklich fremdkulturelle Gemein-
schaften geht, so existiert eine Tradition gelungener Ein-
gliederung – oder aber praktizierter »Multikulturalität«
– in Europa kaum. Die Tradition der Assimilation in
Frankreich zum Beispiel beruht auf einer ausgeprägten
und dauerhaften öffentlichen Intoleranz gegenüber allem, was fremd ist.* Zuwanderer und ihre Familien
gehören von nun an in die Kategorie der »Verlierer« im
Wettkampf um Westeuropas immer knapper werdende
Mittel.

Allerdings stehen sie damit nicht allein. Der Unterschied zwischen arm und reich in Europa ist wieder im
Wachsen begriffen. In Großbritannien ist die Korrelation
zwischen Lebenserwartung, Todesursache und Klassen-
zugehörigkeit heute ausgeprägter als jemals in den
dreißiger Jahren. Während der fünfzehn Jahre einer
rückschrittlichen Sozial- und Wirtschaftspolitik sind die
meisten Verdienste des Wohlfahrtsstaats in die Binsen gegangen. Die Verteilung des Reichtums in der britischen
Gesellschaft ist genauso ungleich wie 1949; während in
ihren Niederungen 20 Prozent der Bevölkerung über

---

* Absurdes aber typisches Beispiel hierfür ist das lächerliche »Loi
Toubon«, das den Gebrauch von Fremdwörtern im offiziellen Ge-
schäftsverkehr und bei mit öffenlichen Geldern finanzierten Aktivitäten verbietet. Anerkannte »Gesellschaften zur Verteidigung der
französischen Sprache« sind daraufhin berechtigt, auf Schadenser-
satz zu klagen, wenn zum Beispiel ein französischer Lehrer auf fran-
zösischem Boden amerikanische Schüler, die kein Französisch sprechen, in ihrer Muttersprache anredet.

nur 8 Prozent des Staatseinkommens verfügen, besitzt das Fünftel an seiner Spitze 42 Prozent davon. 1989 gab es in Großbritannien mehr als 400 000 Obdachlose, eine Zahl, wie sie für die dreißig Jahre zuvor unvorstellbar gewesen wäre.* Innerhalb der gesamten Europäischen Union betrifft die ungleiche Verteilung von Reichtum und Ressourcen sowohl die Regionen wie die gesellschaftlichen Klassen. Griechenland, Portugal und Spanien mit Ausnahme von Katalonien haben ein jährliches Bruttosozialprodukt, das weniger als drei Viertel des EU-Durchschnitts beträgt. Das portugiesische Pro-Kopf-Einkommen machte 1991 gerade mal die Hälfte von dem eines europäischen Durchschnittsbürgers aus.

Das komplizierte und kostspielige System regionaler Unterstützung, das die Europäische Union innerhalb und zwischen den Ländern installiert hat, wirkt unter solchen Umständen wie ein institutionalisiertes Regulativ. Es versucht zwar ständig, jenen Marktverzerrungen entgegenzuwirken, die Reichtum und Entwicklungspotentiale im nordwestlichen Kernbereich konzentrieren, unternimmt aber nichts gegen die wahren Gründe dieser Ungleichheit. Südeuropa, die Peripherie (Irland, Portugal, Griechenland), die ökonomische Unterschicht und die »Einwanderer« bilden somit eine Gemeinde der Benachteiligten, für die die Europäische Union die einzige Quelle des Heils und der Hoffnung ist. Ohne den Beistand Brüssels wären weite Teile Westeuropas, ob aufgelassene Bergbaugebiete oder unrentabel gewordene Agrarlandschaften, in noch größeren Nöten, als sie es heute schon sind. Doch gleichzeitig werden sie mit Neid

---

* Siehe Eric J. Hobsbawm, *Das Zeitalter der Extreme*, München 1995, S. 507.

und Mißtrauen beäugt, denn wo es Verlierer gibt, da gibt es immer auch Gewinner.

Um »europäische« Praxis zu erleben, muß man nur einige Stunden im Dreiländereck zwischen Saarbrücken (Deutschland), Metz (Frankreich) und Luxemburg verbringen. Hier bewegen sich die wohlhabenden Bürger dreier Staaten frei über nicht mehr existente Grenzen; sie wohnen in dem einen Land, arbeiten in einem anderen und erledigen ihre Einkäufe in einem dritten. Menschen, Arbeitsmöglichkeiten, Waren, Unterhaltung, alles bewegt sich zwischen den Sprachen und Staaten hin und her. Die historischen Spannungen und Feindschaften einer nicht allzu fernen Vergangenheit scheinen vergessen. Die Kinder wachsen zwar nach wie vor in Frankreich, Deutschland oder Luxemburg auf und lernen ihre Geschichtslektionen gemäß dem jeweiligen nationalen Standard; doch was sie da lernen, entspricht nicht länger dem, was sie um sich herum erleben, und das ist gut so. Diese Einheit von Saarland und Lothringen, die einer natürlichen Logik entspricht, wurde weder unter einem deutschen Oberkommando noch mittels einer französischen Besatzungsarmee erreicht, sondern durch die wohlwollende Planung der Europäischen Kommission ins Werk gesetzt.

C'est magnifique, mais ce n'est pas l'Europe. Das ist zwar »Europa«, aber »Europa«, so müssen wir fairerweise zugestehen, unter einem ganz bestimmten Blickwinkel. Denn worin besteht, geographisch gesprochen, *dieses* Europa? Welches sind seine Hauptstädte und Institutionen? Die Kommission und ihre Verwaltung sitzt in Brüssel. Das Parlament und seine Ausschüsse treffen sich in Straßburg und Luxemburg. Der Europäische Gerichtshof ist in Den Haag. Wichtige Entscheidungen auf dem Weg zu einer fortschreitenden Einigung dieses »Dings« werden in Maastricht getroffen, während Abkommen über Grenzregelungen und grenzübergreifende Polizeifahndung in Schengen unterschrieben werden. Alle sechs Städte liegen nahe und gut erreichbar beieinander und bilden eine Linie von der Nordsee zu den Alpen, die ziemlich genau der Hauptverkehrsader und dem Zentrum des Karolingerreiches entspricht.

Das Herz (und manche mögen hinzufügen, die Seele) der heutigen Europäischen Union deckt sich also fast bis auf den Kilometer mit dem ersten westeuropäischen Reich. Ein wenig nach Westen und Osten hin erweitert – sagen wir von Reims bis Aachen oder vielleicht von Paris bis Köln – erstreckt es sich nach Süden über die westlichen Alpenpässe bis in die Lombardei. Es ist das Europa der urbanen Renaissance des 12. Jahrhunderts. Daran gibt es nichts auszusetzen; im Gegenteil, der Gedanke, daß Karl der Große und seine Erben sich in der Europäischen Union zu Hause gefühlt hätten, ist durchaus beruhigend. Doch die instinktive, atavistische (und politisch wohlbedachte) Plazierung der modernen Hauptstädte »Europas« sollte uns zu Vorsicht und Einsicht mahnen. Nicht alle Wahrheiten, die über das heutige »Europa« verbreitet werden, sind neu; und was als »neu« hingestellt wird, muß deshalb nicht unbedingt auch wahr sein.

Auf der anderen Seite haftet dem heutigen Europa etwas seltsam Altertümliches an. Die meisten seiner »Gewinner«, jene, denen es vom Beginn der Gemeinschaft an gut ging und die ihren Wohlstand mit einer ausgeprägt europäischen Identität in Verbindung bringen, sollten angemessener als Regionen denn als Nationalstaaten beschrieben werden. Die großen Erfolgsstories im heutigen Europa werden von Baden-Württemberg in Südwestdeutschland, vom Departement Rhône-Alpes in Frankreich, von der Lombardei und von Katalonien geschrieben. Abgesehen von einer Ausnahme liegen alle diese Superregionen (von denen keine ihre nationale Hauptstadt beherbergt) um die Schweiz herum, so als wollten sie sich von der Bindung an die ärmeren Gegenden Italiens, Deutschlands und Frankreichs lösen und durch diese Nähe selbst zu kleinen, wohlhabenden Alpenrepubliken werden. Ihre überdurchschnittliche wirtschaftliche Leistung ist erstaunlich. Zusammen mit dem Großraum Paris erwirtschaftet das Departement Rhône-Alpes ungefähr ein Drittel des französischen Bruttosozialprodukts. Katalonien kam 1993 für 19 Prozent des spanischen Bruttosozialprodukts und für 23 Prozent von Spaniens Exporten auf, und ein Viertel der ausländischen Investitionen konzentriert sich dort. Das Pro-Kopf-Einkommen in Katalonien lag um 20 Prozent höher als beim spanischen Durchschnittsbürger.

Im Fall der Katalanen facht diese wirtschaftliche Ungleichheit den ohnehin stark ausgeprägten regionalen Separatismus weiter an. Nachdem sie die von Franco seinerzeit verordnete Einwanderung aus Kastilien nach Barcelona und Umgebung mit Argwohn betrachtet hatten (sie war als Mittel zur Entschärfung der gerechtfertigten antifrankistischen Stimmung unter den katalanischen Nationalisten gedacht), nutzten die Katalanen die Wiederherstellung der Demokratie in Spanien, um ihre nationale Identität zu stärken. Das Gesetz zur sprachlichen Normalisierung von 1983 machte Katalanisch zur »vorherrschenden Unterrichtssprache« in örtlichen Schulen, wobei der Gebrauch des Spanischen im Klassenzimmer weiterhin erlaubt war. Zehn Jahre später zog die Generalität (das katalanische Regierungsorgan) die Schraube weiter an, indem sie für Schulkinder bis zum

Alter von acht Jahren den ausschließlichen Gebrauch des Katalanischen vorschrieb. Diese Maßnahmen zur Wahrung einer nationalen (nicht spanischen) Identität gingen einher mit dem Versuch, die Madrider Behörden an einer Umverteilung von Steuern und anderen Einnahmen aus Katalonien an die ärmeren unter Spaniens siebzehn »autonomen Gemeinden« zu hindern.

Das Beispiel der Katalanen mag vielleicht insofern extrem sein, als hier das Autonomiestreben nicht nur auf ökonomische Selbstverwaltung gerichtet ist, sondern auch den legitimen Anspruch auf ein einzigartiges sprachliches Erbe bedeutet. Die meisten der fünfzehn Verwaltungseinheiten Italiens haben kein solches Erbe aufzuweisen, doch zusammen mit den »autonomen Gebieten« (Val d'Aosta, Trentino-Alto Adige, Friuli-Venezia Giulia, Sardinien und Sizilien, von denen die ersten bedeutende sprachliche Minderheiten beherbergen) bestehen auch sie auf ihren Forderungen nach eigenen Repräsentanten und autonomer Macht. Die deutschen Bundesländer ruhen ebenfalls nicht in ihrem Bemühen, ihre Vorrechte (in den Bereichen Erziehung, Umwelt, Fremdenverkehr und besonders der Kultur) zu festigen und auszubauen, indem sie den Kontakt mit der Bonner Bundesregierung wann immer möglich umgehen, um direkt mit Institutionen in Brüssel zu verhandeln. Dabei blicken viele dieser deutschen Regionen, wie etwa Sachsen und Bayern, keineswegs auf eine lange Vergangenheit zurück; sie sind administrative Schöpfungen der jüngsten Vergangenheit. Dasselbe gilt für Frankreich, wo viele der Departements keinen historischen Stammbaum vorweisen können; sie sind erst in der Nachkriegszeit entstanden oder wurden aus bereits existierenden, aber überholten Verwaltungseinheiten zusammengesetzt. In Frankreich liegt die Dezentralisierung der Verwaltung, der sich diese Gebilde verdanken, nicht länger als zwanzig Jahre zurück. Die wirkliche Macht und Entscheidungsbefugnis jedoch verblieb in Paris.

Die reichen Regionen im Westen Europas haben jedenfalls mittlerweile ein starkes Interesse entwickelt, direkt oder durch die europäischen Institutionen miteinander zu kooperieren; ob dies zu ihrem wahren oder nur eingebildeten Nutzen wäre, ist eine andere Sache. Dieses Interesse bringt sie naturgemäß noch mehr in Widerstreit zum Nationalstaat, dessen bedeutsamer Teil sie nach wie vor sind. Derartige Konflikte sind nicht neu. Der Unwille des italienischen Nordens, das Land mit den »Parasiten« im Süden teilen zu müssen, ist so alt wie der Staat selbst. In Belgien hat der flämische Separatismus, der unter den Nazis aufblühte und daher nach dem Krieg zunächst einigermaßen ruhiggestellt war, in den letzten Jahren durch den wirtschaftlichen Niedergang der wallonischen Industrie wieder Aufwind bekommen; wir Flamen, so wird argumentiert, fordern nicht nur sprachliche Gleichberechtigung und unabhängige Verwaltung, sondern eine eigenständige (nicht belgische) Identität – und einen eigenen Staat.

Es scheint hier eine Gesetzmäßigkeit zu walten, die sich nicht auf Westeuropa beschränkt. Ende der achtziger Jahre dieses Jahrhunderts haben sich die nördlichen Volksgruppen oder Regionen aus Nationalstaaten zu, ihrer Ansicht nach, führenden ökonomischen Teilterritorien ihrer Staaten entwickelt, deren personelle und administrative Führung aber weiterhin vom verarmten, aber politisch dominanten Süden bestimmt bleibt. Die Wechsel- und Unglücksfälle der Geschichte haben sie also zu Sklaven einer Verbindung gemacht, in der eine einigergermaßen fremde Gruppe sie zugleich dominiert und von ihnen abhängig ist, eine Regelung, in der sie keinen dauerhaften Sinn sehen. So etwa schätzen die Katalanen, die Norditalienische Liga, die flämischen Separatisten, ja selbst die Schotten ihre Situation ein. Auch die Tschechen mögen das Verhältnis zu den Slowaken vor der »samtenen Trennung« auf diese Weise beschrieben haben; und es ist eine Form der Begründung und Rechtfertigung für das Auseinanderbrechen Jugoslawiens, die unter Politikern und Intellektuellen in Kroatien und besonders in Slowenien weit verbreitet ist.

Diesen separatistischen Ansprüchen gemeinsam ist, daß ein fortschrittlicher, wohlhabender, Steuern zahlender und sprachlich und / oder kulturell eigenständiger Norden sich als »wir Europäer« fühlt, während »die anderen« aus dem agrarischen, rückständigen, faulen und subventionierten mediterranen Süden nicht so recht dazugehören. Für jene »Europäer«, die sich von ihren unerwünschten, wenngleich dem gleichen Staatsgebilde angehörenden Nachbarn abgrenzen, ist es also naheliegend, nach einer alternativen Autorität Ausschau zu halten und »Brüssel« den Vorzug vor Rom, Madrid, Belgrad oder auch dem belgischen Brüssel zu geben.* Die Anziehungskraft, die die »Europäische Union« unter solchen Umständen besitzt, ist die von kosmopolitischer Fortschritt-

---

* Im Falle Belgiens liegt eine gewisse Absurdität darin, wenn man die frankophonen Bewohner Walloniens als »weniger europäisch« bezeichnet als ihre holländisch sprechenden Nachbarn im Norden. Dabei sind die Wallonen zweifellos »mehr belgisch«, zumal sie, ihre Wirtschaft und Sprache, den Staat für viele Jahre dominiert haben. Es paßt also in unser Muster, daß die flämischen Separatisten ihrer nationalistischen und bisweilen rassistischen Rhetorik einen europäischen Klang geben.

lichkeit gegenüber den altmodischen, einschränkenden (und zudem, so wird argumentiert, künstlichen und aufgezwungenen) nationalen Einengungen. Daraus erklärt sich auch die besondere Attraktivität, die »Europa« für weite Teile der jungen Intelligenz dieser Länder besitzt.

Wie seinerzeit die Sowjetunion für viele junge Intellektuelle im Westen als vielversprechende Verbindung von philosophischem Anliegen und politisch-administrativer Macht erschien, so übt »Europa« nun einen ähnlichen Reiz aus. Für ihre Bewunderer wie auch für viele Politiker und Geschäftsleute aus den prosperierenden Regionen West- und Zentraleuropas ist die »Union« das letzte Erbe des aufgeklärten Absolutismus, jener Epoche der großen Reformen vor dem Entstehen der Nationalstaaten. Was schließlich ist »Brüssel« anderes als der erneute Versuch zur Verwirklichung jener effizienten, universalen Verwaltung, frei von Partikularismus und regiert von Vernunft und Rechtsstaatlichkeit, die die Monarchen des 18. Jahrhunderts – Katharina, Friedrich, Maria Theresia und Joseph II. – in ihren abgewirtschafteten Staaten einzuführen suchten? Es ist tatsächlich jene Rationalität, die das Ideal der Europäischen Gemeinschaft ausmacht, die es für eine gebildete, professionelle Intelligenz so anziehend erscheinen läßt. Im Westen wie im Osten sieht man »Brüssel« als einen Ausweg aus engstirnigen Verhaltensweisen und provinzieller Rückständigkeit und folgt damit dem Beispiel der Rechtsgelehrten, Kaufleute und Schriftsteller des 18. Jahrhunderts, die sich über die Köpfe ihrer reaktionären Parlamente oder Reichstage hinweg an die aufgeklärten Monarchen wandten.

Doch für diese Neuorientierung auf Europa hin, den Hoffnungsträger für seine weniger erfolgreichen Teilhaber, ist ein gewisser Preis zu zahlen. Wenn »Europa« für die Gewinner steht, diese reichen Regionen und Teilgebiete existenter Staaten – wer spricht dann für den »Süden«, die Armen, die sprachlich und kulturell Benachteiligten, Unterprivilegierten oder Verachteten, jene Europäer, die nicht im goldenen Dreieck entlang ehemaliger Grenzen wohnen und für die »Brüssel« bestenfalls eine administrative Idee, im schlimmsten Fall aber das Objekt politisch besetzter Ängste und Haßgefühle ist? Es besteht das Risiko, daß *diesen* Europäern nur der Ausweg in die »Nation«, sprich den Nationalismus bleibt. Dieser allerdings ist von anderer Art als der national motivierte Separatismus der Katalanen oder die Beförderung der eigenen Interessen in der Lombardei; sein Ziel ist, den Nationalstaat des 19. Jahrhunderts als Bollwerk gegen Veränderungen zu bewahren, anstatt kleinere Einheiten anzustreben, um im Verbund mit größeren, transnationalen die eigenen Interessen zu verfolgen.

Am wirksamsten ist defensive, nationalistische Rhetorik in Gegenden mit wirtschaftlicher Flaute oder in Gebieten ohne ausgeprägtes regionales Selbstverständnis, wo eine verärgerte und verängstigte Wählerschaft jederzeit mobilisiert werden kann gegen Fremde, die eine reale oder angebliche Bedrohung ihrer Arbeitsplätze und Lebensgewohnheiten darstellen. Natürlich ist das nichts Neues, und seit 1989 wurde es zur verbreitetsten Form populistischer Politik in Osteuropa.* In Westeuropa

---

* Der polnische Journalist Konstanty Gebert hat festgestellt, daß Kommunismus und Nationalismus sich derselben Syntax bedienen, während liberale Demokratien sich sprachlich deutlich davon absetzen. Auch wenn zwischen den universellen Wertvorstellungen und Zielen des Sozialismus und der partikularistischen Ausgrenzungspolitik des Nationalismus Welten liegen, so hat er zweifellos recht, wie die Herren Milošević, Tudjman, Meciar und ihre Wähler bestätigen.

schien der »Nationalstaat« dagegen zum Aussterben ver-
urteilt. Die Zusicherung sozialer und politischer Stabilität, die von Sozialisten und Konservativen, Sozialdemokraten und Christdemokraten gleichermaßen mitgetra-
gen wurde, und die Übernahme ihrer historischen
Hauptaufgabe – der Verteidigung – durch übergeordnete
Institutionen hat die charakteristischen Züge der modernen europäischen Staaten unscharf werden lassen.
Offensichtlich wurde die Erhaltung von innerer und
äußerer Sicherheit abgelöst durch die Verwaltung der
Ressourcen, und nachdem diese in wachsendem Maße
von multinationalen Körperschaften (privater oder öf-
fentlicher Natur) erzeugt und verteilt werden, scheint die
Praxis, sich an nationalen Loyalitäten zu orientieren,
überholt. Mit jeder neuen Generation schien »Nationalismus« anachronistischer zu werden, und seine rituelle
Beschwörung bei Sportwettkämpfen wirkte auf rüh-
rende (oder je nach Sportart auch abstoßende) Weise fehl
am Platze. Kritik an »Europa« zu üben, war in politischen Kreisen verpönt, zeigte es doch, daß man den
»europäischen Selbstmordversuch« (Enzensberger) der
jüngeren Vergangenheit vergessen und die damit verbundene Lektion nicht gelernt hatte.

Das alles wird sich jetzt ändern. Genauso wie der
»Wachstumswahn« in modernen Staaten wie Deutschland ein moralisches Vakuum hinterläßt, so erweist sich
die abstrakte und materialistische Qualität der Europaidee als unzureichend, um ihre eigenen Institutionen zu
legitimieren und das Vertrauen der Bürger auf Dauer zu
halten. Das Ziel der Vereinigung allein reicht nicht aus,
um das Vorstellungsvermögen und die Loyalität der
Außenstehenden zu motivieren, zumal es nicht länger
das Versprechen grenzenlosen Wohlstandes in sich birgt.

Nach 1989 ist das Gedächtnis wiedererwacht; profitieren werden davon jene wiedererstarkten nationalen Einheiten, die das kollektive Gedächtnis geformt und mitgestaltet haben und ohne die es keine gemeinsame Vergangenheit gibt. Dieser Vorgang bietet einen Ersatz für die Unzulänglichkeiten eines Europa ohne Vergangenheit und droht es gleichzeitig zu unterminieren. In Frankreich und in Deutschland war über viele Jahre nationalistische Rhetorik verpönt, denn sie gemahnte zu sehr an die Sprache des Nazismus oder des Vichy-Regimes Pétains (»Arbeit, Familie, Vaterland«). Diese Form der Selbstzensur ist mittlerweile verschwunden und allenfalls noch unter der alternden Generation linker Intellektueller spürbar, die heutzutage in der Öffentlichkeit weitgehend ignoriert wird. Zwei Jahrzehnte lang schien es so, als könne die Identifikation mit Europa die nationalen Bindungen der Menschen ersetzen, doch Meinungsumfragen zeigen, daß das »Euro-Barometer« wieder fällt. In Deutschland, Dänemark, Spanien, Portugal und in Großbritannien gab die Mehrzahl der Befragten 1994 an, sie werde sich in den kommenden Jahren *ausschließlich* mit ihrer eigenen Nation identifizieren.

Wie erklärt sich diese Trendwende? Zum einen ist Europa als Konzept zu groß und zu nebulös, als daß auf seiner Grundlage eine überzeugende menschliche Gemeinschaft wachsen könnte. Andererseits ist es psychologisch unrealistisch, regional wie übernational, eine Gemeinschaft zu postulieren, der sich die Menschen verbunden fühlen sollen, und diese dann vorausschauend von der brisanten »Gleichsetzung« mit historisch gewachsenen Nationen freihalten zu wollen. Jürgen Habermas hat in dieser Richtung gedacht, aber es kann nicht funktionieren. Hier klingt ein reduktionistischer Irrglauben nach, der seltsamerweise im 19. Jahrhundert von klassischen Ökonomen und Marxisten gleichermaßen vertretene Glaubenssatz, daß gesellschaftliche und politische Institutionen und Zugehörigkeiten sich notwendigerweise nach den wirtschaftlichen ausrichten. Es besteht kein Zweifel, daß Produktion, Handel und Finanzmarkt inzwischen weltweit vernetzt sind und daß überregionale, den Kontinent umfassende Organisationsformen das zukünftige wirtschaftliche Leben Europas bestimmen werden. Berechtigte Zweifel jedoch sind angebracht, wenn es darum geht, ob andere Aspekte der menschlichen Existenz diesem Beispiel folgen können oder sollen. Auch ein wohlorganisiertes und weitgespanntes Netz von Handelskontakten innerhalb des Reiches vermochte nichts gegen die zentrifugalen Kräfte, die in Österreich-Ungarn im späten 19. Jahrhundert wirksam waren.

Während der letzten zwei Generationen haben die meisten Westeuropäer alle traditionellen Bindungen des modernen öffentlichen Lebens entweder verloren oder aufgegeben. In den meisten westlichen Ländern sind Institutionen wie Familie, Kirche, Schule oder Armee heute, im Vergleich zur Situation vor einem halben Jahrhundert, nahezu bedeutungslos geworden. Politische Parteien und Gewerkschaften übernehmen nicht mehr die strukturierenden und erzieherischen Aufgaben, die sie in Europa mehr als ein Jahrhundert lang innehatten. Während auf der einen Seite der wachsende ökonomische Druck Regierungen dazu bringt, gewohnte Vergünstigungen im Sozialstaat abzubauen, wurden auch die Fundamente dessen, was die Franzosen mit *solidarité* bezeichnen, demontiert. Es scheint, als sei die Nation – mit ihrem kollektiven Gedächtnis, dem Staat, der sie verkör-

pert, und dem vertrauten, wohldimensionierten Bezugs-
rahmen – die letzte verbleibende und ergiebige Quelle
gemeinschaftlicher Identifikation. Vor dem Hintergrund
des dramatischen Zerfalls der großen abstrakten Ideale
eines sozialistischen Utopia und dem unhaltbaren Versprechen eines immer größeren *und* immer reicheren
kontinentalen Zusammenschlusses hat man wohl unter-
schätzt, welche Anziehungskraft eine soziale Einheit besitzt, die geographisch überschaubar ist und sich auf eine
gemeinsame Vergangenheit gründet und nicht auf ferne
Zukunft. Jedenfalls wäre es hilfreich, wenn sich respek-
table Politiker ein wenig mehr um die Tugenden der
Nation und ihres Staates kümmerten (anstatt um das
Wunder »Europa«), um sie damit aus den Armen ihrer
extremistischen Buhlen zurückerobern zu können.

Auf den Staat in der einen oder anderen Form wird
man in Zukunft wohl nicht verzichten können. Der her-
kömmliche Nationalstaat wird in den nächsten Jahren
sehr gefragt sein, wenn es um den Erhalt des sozialen
Gefüges, ob durch Zwang oder Umverteilung, geht,
auch wenn dies nicht im Sinne der privilegierten »Superregionen« ist. Nicht nur in den ehemals kommunistischen Staaten sind die selbstregulierenden Kräfte eines
freien Marktes offenbar überschätzt worden. Zu früh
hat man den vielgeschmähten »Interventionsstaat« dem
Mülleimer der Geschichte überantwortet. Es wäre wohl
besser, seine Funktionen nicht zu gründlich und nicht zu
schnell einzuschränken, aufzuteilen und zu dezentra-
lisieren. Wenn die westeuropäischen Nationalstaaten in
den Nachkriegsjahren ihre sozialen und wirtschaftlichen Funktionen in ungeahntem Maße wiederaufneh-
men konnten, so verdanken sie dies letztlich der »Europäisierung« ihrer Probleme; in der Periode nach 1989

wird die politische und kulturelle Glaubwürdigkeit der europäischen Nationalstaaten wiederhergestellt werden müssen, wenn Europa nicht handlungsunfähig werden will.*

Man kann auch nicht behaupten, der »Nationalstaat« sei eine so alte politische Form, daß seine Tage nun gezählt seien. Er gehört, ganz im Gegenteil, zu den modernsten politischen Institutionen. Selbst weit zurückreichende Staaten wie Frankreich, England oder die Niederlande entstanden in ihrer jetzigen Form und mit ihren gegenwärtigen Einrichtungen erst im Laufe des 19. Jahrhunderts. Und der Nationalstaat hat der Notwendigkeit aktiver bürgerlicher Mitverantwortung und -bestimmung auf besondere Weise Rechnung getragen. »Mikrostaaten« oder Einheiten unterhalb der nationalen Ebene schauen sich jenseits der Grenzen nach Verbündeten und nach Hilfestellung für jene Vorhaben um, für die ihnen im Rahmen nationaler Grenzen die Möglichkeiten fehlen. Andernfalls laufen sie Gefahr, einem größeren, aggressiveren expandierenden Nachbarn einverleibt zu werden. Zu große Einheiten weisen häufig ein »demokratisches Defizit« auf. Dies wirft man derzeit auch der Europäischen Union vor, und sie wird diesem Vorwurf weiterhin ausgeliefert bleiben. Solche großen transnationalen Einheiten mögen sich für die Verwaltung von Gütern bewährt haben, sobald sie es aber mit Menschen zu tun haben, sind sie einfach zu unübersichtlich, sie verlieren sich zu sehr in der Entfernung, weshalb sie dazu neigen, sich in ihre Bestandteile aufzulösen. Es empfiehlt

---

* Zu dem Argument, daß die Europäische Gemeinschaft entstanden sei, um die heimischen Volkswirtschaften ihrer Mitglieder zu retten, siehe Alan Milward, *The European Rescue of the Nation State.*

sich daher nicht, diese Teile soweit zu schwächen, daß sie nicht mehr lebensfähig sind.

Der entscheidende Schwachpunkt des Nationalstaats ist die ihm innewohnende Ausschließlichkeit – Frankreich den Franzosen und ähnliches. Darin besteht historisch gesehen sein charakteristischer Defekt und der Grund für seinen Niedergang. Vielvölkerstaaten (Jugoslawien, Belgien) zerbrechen; homogene Nationalstaaten (Polen, Portugal) sind eher die Ausnahme und (das oft tragische) Produkt der Geschichte und können nicht ersonnen werden; »staatenlose« Minderheiten wiederum sind schwach oder werden verfolgt und suchen sich, notgedrungen auf Kosten anderer, ein eigenes Territorium. Wenn »Europa« tatsächlich ein Ausweg aus diesem Dilemma wäre und wenn die Freizügigkeit der Menschen, die Abschaffung der Grenzen und die Vermischung der Nationen tatsächlich Wirklichkeit werden könnte, dann wären selbst übertriebene Institutionalisierung und wirtschaftliche Ungleichheit kein zu hoher Preis. Könnte Europa einen Weg aus der engen Provinzialität und gefährlichen, kulturellen Ausschließlichkeit des Nationalstaates weisen, dann wäre es trotz all seiner Unzulänglichkeiten ein erstrebenswertes Ziel.

Leider ist dem nicht so. »Europa« ist weit davon entfernt, sich zu öffnen. Seit 1989 hat es, etwas verstohlen zwar, aber durchaus konsequent, seine Abschottung betrieben. Aus Gründen, die ich bereits dargelegt habe, kann die Europäische Union ihren bisherigen Mitgliedern nicht guten Gewissens eine Zukunft versprechen, die so gesichert und wohlhabend ist wie die Vergangenheit. Die einzigartigen Umstände, die die frühen Jahre der Union bestimmt haben, sind vorbei und werden sich nicht wiederholen. Ebenso unwahrscheinlich ist daher, daß diese

Union sich zu den bislang unter den Mitgliedern geltenden Konditionen für neue, ärmere Aspiranten aus dem Osten öffnen wird. Die vor kurzem von den Deutschen lancierte Idee eines kleinen Kerns europäischer Staaten, die die Integration mit Nachdruck vorantreiben und hoch angesetzte, übergreifende Kriterien für die Mitgliedschaft in ihrem Club vorschreiben, ist nur ein weiterer Beweis dafür, daß die Zukunft Europas entweder unter dem Diktat Deutschlands oder überhaupt nicht zu realisieren ist. Es ist unwahrscheinlich, daß Italien, Spanien oder sogar Großbritannien sich für diesen exklusiven Club qualifizieren könnten, und entsprechend illusorisch ist es für Polen und die Slowakei. Wie es aussieht, kann *niemand* außer Deutschland und Luxemburg die Anforderungen erfüllen, die die Christdemokraten verschiedentlich vorgelegt haben. Aber wenn die Sache wenigstens halbwegs »europäisch« erscheinen soll, dann müssen, Regelungen hin oder her, wenigstens Frankreich, Belgien und die Niederlande mit von der Partie sein. Ablenkungsmanöver mit Etiketten wie »Kerneuropa«, »Schnellspur«, »Partnerschaft für den Frieden« und »Wirtschaftszone« und all die damit verbundenen Konventionen, Abkommen und Versprechungen dienen nur dazu, Zeit zu gewinnen. Man meidet das Dilemma, die Neulinge entweder ablehnen oder zu gleichen Bedingungen aufnehmen zu müssen. Natürlich läßt in Osteuropa kaum jemand sich davon täuschen; aber da man dort keine Alternativen hat, hält man am Glauben an die eigenen Hoffnungen fest.

Von innen her gesehen scheint die Union trotz ihrer jüngst erfolgten Erweiterung tatsächlich zu schrumpfen. Aus der Sicht vieler ihrer Mitglieder bildet sie den mediterranen und atlantischen Rand eines Kontinents, der plötzlich sehr groß und sehr problematisch erscheint.

Selbst Deutschland, das das andere Europa bewußter wahrnimmt als die meisten seiner Partner und sich immer schon zur Brückenfunktion berufen sah, macht inzwischen kein Hehl mehr aus der Unterscheidung zwischen »uns« und »denen«. 1994 wurden in Bonn 11 Millionen Mark bereitgestellt, um einige Hunderttausend Volksdeutsche in Rumänien zu unterstützen, während gleichzeitig große Summen an die rumänische Regierung bezahlt wurden, damit diese »ihre« Zigeuner zurückholt, die den Weg nach Deutschland gefunden hatten. Von außen gesehen ist die Europäische Union nach wie vor eine Quelle der Hoffnung und der neuen Möglichkeiten, ja auch der Sicherheit und Stabilität für die Völker im Süden und Osten. Von innen gesehen gleicht sie dagegen einer kampfbereiten Festung.

Hier liegt die symbolische Bedeutung des in Schengen unterzeichneten Abkommens zwischen souveränen Nationen (Deutschland, Frankreich, die Benelux-Länder, Spanien, Portugal und Italien als Anwärter), ihre gemeinsamen Grenzen abzuschaffen, Visa- und Einreisebestimmungen zu vereinheitlichen und Kontrollen, die an einer Grenze durchgeführt wurden, allgemein anzuerkennen. Eine Person kann sich also unbehelligt und ungefragt zwischen Portugal und Polen bewegen. Das ist gleichsam die Verkörperung des postnationalen Europa. In der Praxis steht das Abkommen aber für etwas ganz anderes. Es bedeutet, daß der Staat mit dem drakonischsten und strengsten Einwanderungs- und/oder Arbeitsrecht allen anderen seine Bedingungen aufzwingen kann – eine Art größter gemeinsamer Nenner in der politischen Arithmetik. Verschärft wird die Regelung durch ein Zusammenlegen der Daten auf dem ganzen Kontinent, was so etwas wie ein Interpol für Ausländer, Flüchtlinge und

Migranten entstehen läßt und den Polizeikräften dieses Multistaates weit größere Möglichkeiten an die Hand gibt, als sie in einem Einzelstaat denkbar wären. Setzt man einmal die Zustimmung Italiens voraus (die skandinavischen Länder haben bereits zugestimmt), so wird das Schengener Abkommen die Europäische Union zu einem Territorium vereinen, das – einmal mehr – an der Linie Gdańsk – Triest sein Ende findet.

Gegenstand des Schengener Abkommens ist es, aus Polen, der Tschechischen Republik, der Slowakei, Ungarn, Kroatien und Slowenien sowie dem Mittelmeer eine Art demographischen *Limes* zu machen, Pufferzonen, die den weiteren Zustrom verzweifelter Bürger – ihrer eigenen und jener südlich und östlich von ihnen – nach Westen und Norden verhindern sollen. Dies läßt gewisse Zweifel aufkommen an der Glaubwürdigkeit von Versprechungen, die östlichen Nachbarn in den Genuß aller Vorteile der Union kommen zu lassen. Denn ließe sich Schengen ohne Probleme unbegrenzt nach Osten und Süden hin ausdehnen, dann wäre es von vornherein überflüssig gewesen. Außerdem macht es deutlich, daß eines der Hauptanliegen der Europäischen Union heute darin besteht, sich vor den politischen und ökonomischen Risiken verstärkter Einwanderung zu schützen. Genau dazu wollen auch die nationalistischen Politiker der Mitgliedsstaaten ihre jeweiligen Regierungen bewegen. Die Europäische Union nach Schengen bietet also kaum mehr eine interessante Alternative zum konventionellen Nationalstaat. Aber vielleicht sind solche restriktiven Maßnahmen ja weniger abstoßend, wenn sie im Namen der wachsenden Integration der Europäischen Gemeinschaft getroffen werden, als wenn dies im Interesse einer Nation geschähe.

Nicht zum ersten Mal sieht sich ein bis dahin expansionistisches Europa angesichts äußerer Hindernisse zur Beschränkung gezwungen. Beschränkung war häufig Vorbedingung, ja Definition, eines geschärften kollektiven Bewußtseins. Vom Einfall der Barbaren über Araber und Osmanen bis zum Eisernen Vorhang – es war der Druck von außen, der historisch gesehen die Einheit Europas hervorbrachte, wenngleich auch auf Kosten der eigenen Ambitionen. Und die weltweite Entkolonialisierung hat das Ihre zur Bildung eines *europäischen* Bewußtseins beigetragen, indem sie zuerst die Franzosen und die Holländer, dann die Engländer dazu zwang, ihre schwindende Bedeutung einzusehen und aus der Not der imperialen Beschränkung eine kontinentale Tugend zu machen. Zugegeben: die derzeitigen Rückzugstendenzen Europas stehen in einem gewissen Gegensatz zu seinen Verlautbarungen, aber dies galt ebenso für die meisten katholischen Könige der Frühmoderne, die je nach Notwendigkeit taktische Bündnisse sowohl mit protestantischen Republiken wie mit muslimischen Sultanen schlossen.

Diese lange Geschichte von Expansion und Rückzug macht deutlich, warum Westeuropas jetzige Zwangssituation seit langem abzusehen war. Schon Herder warnte um die Mitte das 18. Jahrhunderts vor den Umtrieben jener »wilden Völkerschaften im Osten Europas« und sagte den Deutschen zwei Jahrhunderte der Furcht vor einer demographischen Überflutung voraus.* Auch die

---

* Siehe Woolf, *Inventing Eastern Europe*, S. 365 ff.; Woolf zitiert ferner William Sloane (*The Balkans: A Laboratory of History*, erschienen 1914), der davor warnt, »daß mit der Zeit für Westeuropa eine Art engerer Gemeinschaft unabdingbar sei zum Schutz gegen die feindlichen Übergriffe unterlegener Gesellschaften, die sich durch slawische Abstammung, griechischen Katholizismus und orientalische Regierungen auszeichneten«.

»Invasion« von Flüchtlingen und Arbeitssuchenden aus dem Süden – Nordafrika, dem Mittleren Osten und dem Balkan – war während der vergangenen dreißig Jahre bei den konservativen und nationalistischen Autoren Spaniens, Frankreichs und Italiens ständiges Thema. Neu an der jetzigen Situation ist, daß der Norden und der Süden nicht nur ihre Ressourcen, sondern auch ihre Ängste zusammenlegen. Frankreich und seine Freunde am Mittelmeer gestehen Deutschland seine Bedenken über die Zukunft Zentraleuropas zu, während Deutschland einer verstärkten europäischen Unterstützung für den »Süden« zugestimmt hat. Sie hat den Zweck, die nicht-europäischen Länder des Mittelmeerraums zu ermutigen und dabei zu unterstützen, ihre Probleme selbst in die Hand nehmen.

Gewarnt oder nicht, Tatsache ist, daß die verhätschelten und allzu vergeßlichen Europäer in den Jahren zwischen 1949 und 1989 die Krise, die auf sie zukam, weitgehend ausgeblendet haben. Man konnte leichten Herzens alle Arten von Versprechungen für die Zukunft machen, denn das Risiko, daß sie später einmal eingeklagt werden würden, war äußerst gering. Es ist die schnelle Abfolge der Ereignisse nach 1989, die die nachfolgende Sparpolitik in etwas zweifelhaftem Licht erscheinen läßt, der Zwang, die großen Visionen von einer zukünftigen Erweiterung aufrechtzuerhalten, während man ganz genau weiß, welche Schwierigkeiten sie mit sich bringt, und man sich am liebsten in die »Festung Europa« zurückziehen würde.[*] Dies zeigt neben vielem anderen, daß die

---

[*] Je mehr unsere Halbinsel zurück ins Zentrum der Weltpolitik und des Weltmarktes gerückt sei, formulierte Hans Magnus Enzensberger einmal, desto mehr werde ein neuer Eurozentrismus Raum greifen. Ein von Joseph Goebbels geprägter Begriff, die »Festung

Idee von »Europa«, zumindest in ihrer starken Form, am Ende ist. Ihr Stellenwert in unserer heutigen politischen Zwangslage ist vergleichbar mit dem jener rudimentären Organe, von denen Charles Darwin in *Vom Ursprung der Arten* schreibt: »Man kann sie vergleichen mit den Buchstaben in Wörtern, die zwar in der Schreibung noch gegenwärtig, für die Aussprache jedoch nutzlos geworden sind, uns aber wichtigen Aufschluß bei der Frage nach ihrer Abstammung geben.«

Europa«, sei wieder ins öffentliche Bewußtsein zurückgekehrt. Früher hätte er militärische Bedeutung gehabt, heute sei er als wirtschaftliches und demographisches Konzept gemeint. Ein Europa in der Erneuerung tue gut daran, sich an das Europa in Ruinen zu erinnern, von dem es nur durch wenige Jahrzehnte getrennt sei.

Nachwort

Die heutige Diskussion um die Zukunft Europas pendelt zwischen Pangloss und Kassandra, zwischen vorbehaltloser Zuversicht und unheilvoller Prophetie. Wie ich ausgeführt habe, stehen die Chancen der Europäischen Union, ihr eigenes Versprechen nach weiterer Integration wahr zu machen und sich neuen Mitgliedern zu gleichen Bedingungen zu öffnen, eher schlecht. Das muß nicht heißen, daß damit alles bisher Erreichte in sich zusammenfiele oder wertlos wäre. Die Europäische Union ist eine bemerkenswerte Errungenschaft, wenngleich nicht *so* bemerkenswert, wie ihre Fürsprecher uns glauben machen wollen. Das ist ja auch der Grund, warum nahezu jeder eine Mitgliedschaft anstrebt.

Doch wie sehr man sich auch in der Theorie einen engeren Zusammenschluß aller Völker Europas wünschen mag, praktisch ist er nicht durchführbar. Es ist daher unklug, derartige Verprechungen zu machen. Wenn ich also für eine maßvollere Einschätzung der Euro-Perspektiven plädiere und der traditionellen Form des Nationalstaats einen gewissen Stellenwert einräume, so soll damit nicht behauptet werden, nationale Einrichtungen seien *per se* besser als andere. Man sollte allerdings die reale Existenz von Nationen und Staaten nicht aus dem Auge verlieren.

Ihre Nichtbeachtung wird den erbitterten Nationalisten nur zu neuer Munition im Wahlkampf verhelfen.

Es mag durchaus sein, daß der althergebrachte Nationalstaat besser in der Lage ist, die Loyalität einer Gemeinschaft auf sich zu ziehen, Benachteiligte zu schützen, für eine fairere Verteilung der Mittel zu sorgen und die Schwankungen in der übernationalen Wirtschaftsentwicklung auszugleichen. In dieser Hinsicht verfügt eine mittelgroße, geographisch und demographisch definierte Einheit zweifellos über dauerhafte Vorzüge. Die Neuordnung weiter Teile Europas hat bereits stattgefunden; Belgien, Italien, Spanien und natürlich die Staaten des ehemaligen Jugoslawien werden sicherlich nie wieder zu den früheren Formen der Verfassung und Administration zurückkehren. Dennoch spricht vieles dafür, die Zergliederung bestehender Staaten nicht weiter zu fördern, sei es nun im Namen der Selbstbestimmung oder eines administrativen Euro-Föderalismus. Die Reaktion darauf könnte nicht nur erwünschte Folgen haben.

Sollte die Europäische Union die Länder Osteuropas aufnehmen? Doch wer kann sagen, wo »Europa« wirklich endet und wie sich die Vision vom vereinten Kontinent auf der Landkarte ausnimmt? Auf der anderen Seite werden, aus Gründen, die ich bereits darzulegen versucht habe, die Länder des ehemals kommunistischen Europa niemals zu gleichen Konditionen Mitglieder der Union werden können. So anstößig es klingen mag, aber eine derartige Osterweiterung könnte aus wirtschaftlicher Sicht auf absehbare Zeit nur ein Gnadenakt der Europäischen Union sein. Läge ein solches Opfer aber nicht im Interesse Westeuropas (vorausgesetzt, man kann es sich finanziell leisten)?

Lassen wir das Thema kultureller Zugehörigkeit, also

die Frage, ob Westeuropa einen wichtigen Teil seiner selbst einbüßt, wenn es von Zentral- oder Osteuropa abgeschnitten ist, einmal beiseite. Das mag ein Thema von allgemeinem Interesse sein, nicht aber für die Planer in Brüssel, die sich mehr den profanen, materiellen Aspekten »Europas« zugewandt haben – neuerdings vor allem dem Ziel einer gemeinsamen Währung. Für Westeuropa ist es heute vorrangig, sich gegen eine demographische wie wirtschaftliche Bedrohung aus dem Süden und Osten zu schützen. Was Gefahren der konventionellen Art angeht, so gilt unter europäischen Verteidigungsexperten die stillschweigende Annahme, daß inzwischen allein Rußland eine ernsthafte militärische Bedrohung für den Rest Europas darstellen könnte. Wie dem auch sei, eine weitere ungeklärte Frage ist, ob Rußland aggressiv reagieren wird, wenn eine nichtrussische Europäische Union näher an seine derzeitigen Grenzen heranrückt. Feststeht, daß den großen Staaten West- und Zentraleuropas nach wie vor daran gelegen ist, eine Zone aus »Pufferstaaten« zwischen sich und Rußland zu erhalten. Ob diese jedoch ihre geostrategische Rolle besser innerhalb oder außerhalb der Union erfüllen, ist für viele westliche Diplomaten eine offene Frage.

Doch die westeuropäische Auseinandersetzung kreist narzißtisch um die Belange der Europäischen Union selbst. Die endlosen Debatten um eine Erweiterung und Vertiefung der Union haben sich seit der Unterzeichnung des Maastrichter Vertrages auf einen Streit um Verfahrensfragen reduziert. Sollen gemeinsame europäische Unternehmungen der einstimmigen (wie jetzt) oder nur der mehrheitlichen Zustimmung bedürfen? Und im letzteren Fall: Wie soll diese Mehrheit beschaffen sein, und wie bindend sind ihre Entscheidungen? Helmut Kohl und der verstorbene François Mitterrand haben zusammen mit ihren politischen Beratern die Einführung des Mehrheitsprinzips favorisiert, um die Pattsituation zu vermeiden, die sich aus den vielfältigen Interessen der zahlreichen Mitgliedsstaaten zwangsläufig ergibt. Die Briten, unterstützt von einigen kleineren Mitgliedsstaaten, forderten die Beibehaltung des Vetos (eben jenes Vetos, das Charles de Gaulle im Januar 1963 benutzte, um die Briten draußen zu halten!), gerade weil sie verhindern wollen, daß gegen ihre Interessen entschieden wird – ja, um zu verhindern, daß überhaupt zu viele Entscheidungen getroffen werden. Daß solche Themen in den Vordergrund gerückt sind, ist kein Zufall. Im »Europa der Fünfzehn« wird es nahezu unmöglich sein, in schwierigen Fragen klare Mehrheiten, viel weniger noch Einigkeit, zu erzielen.

Dies wird vor allem für Fragen der Außen- und der Sicherheitspolitik gelten. In diesen Bereichen hat sich Europa bislang kaum engagiert (obwohl die einzelnen Mitglieder natürlich vollwertige Nato-Partner sind; für Frankreich gilt dies nur zum Teil). Trotz der wirksamen, wenn auch verspäteten, Intervention der Vereinigten Staaten in Bosnien kann Europa nicht länger militärische Zurückhaltung üben. Aufgrund politischen Drucks und drastischer Sparpolitik im eigenen Land ist nicht länger mit einer Einmischung der USA in europäische Angelegenheiten zu rechnen, wann immer solche Dienste benötigt werden. Und was sich schon bei fünfzehn Mitgliedern als problematisch erwiesen hat, wird bei einer größeren Zahl gänzlich unmöglich sein. Das Ergebnis ist leicht vorherzusehen. War die Europäische Union – und ihre Vorgänger – bislang den Vereinten Nationen vergleichbar gewesen, indem sie in Fragen gemeinsamen Interesses einstimmig entschied und sich bei schwierigen oder strittigen Themen auf Dissens verständigte oder keine Entscheidung traf, so gleicht sie jetzt immer mehr dem Völkerbund, dessen Mitglieder im Fall von Entscheidungen, die sie nicht mittrugen, einfach austraten. Der politische und moralische Schaden, den ein einzelnes Mitglied anrichtet, wenn es die anderen in einstimmige Unentschlossenheit treibt, ist schon beträchtlich – so geschehen im Falle des griechischen Vetos gegen die Anerkennung Makedoniens, oder wenn Italien eine EU-Mitgliedschaft Sloweniens so lange von der Tagesordnung verbannt, bis uralte und marginale Grenzstreitigkeiten zwischen den beiden Ländern bereinigt sind. Um wieviel größer wäre dieser Schaden, wenn etwa Großbritannien oder Frankreich sich weigerten, das außenpolitische Engagement einer Mehrheit, bestehend aus Deutschland und seinen kleineren Verbündeten, mitzutragen?

Was aber zählen Westeuropas eigene Stabilitätsbedürfnisse, wenn es gilt, Länder wie Ungarn oder die Slowakei vor ihren eigenen inneren Dämonen zu schützen? Dies ist in der Tat das stärkste Argument, das Osteuropa für eine Anwartschaft auf EU-Beitritt vorbringen kann: Schützt uns vor uns selbst und den internen Folgen eines mißglückten »postkommunistischen Übergangs«. Besonders überzeugend muß dieses Argument auf die unmittelbaren Nachbarn im Westen, allen voran Deutschland, wirken. Die Vernunft gebietet, dieses Argument ernst zu nehmen. Das ist der Grund, weshalb die Europäische Union mit dem Angebot von partieller Mitgliedschaft, Übergangsregelungen und Ähnlichem ein Entgegenkommen sucht. Allerdings sind damit die Zukunftprobleme bereits vorprogrammiert, und das zu einem Zeitpunkt, da der Westen mit seinen gegenwärti-

gen realen Problemen schon genug zu schaffen hat. Wenn
mit diesem Argument die europäische Tür tatsächlich
geöffnet werden könnte, so geschieht dies aber um den
Preis der Verwässerung dessen, was bisher europäische
Praxis bedeutet hat. Und ohnehin wird sich der schüt-
zende »europäische« Arm nicht weiter als bis zu den
Grenzen der alten Habsburger Lande erstrecken (Polen,
die Tschechische Republik, Ungarn, die Slowakei und
vielleicht Slowenien gehören dazu) und diesen Teil zu
einer Art ärmlichem Euro-Vorposten machen. Dahinter
bleibt das »byzantinische« Europa sich selbst überlassen,
denn es steht Rußland und den russischen Interessen zu
nahe, als daß es für den Westen empfehlenswert wäre,
hier in offensiver Weise Engagement zu zeigen.

Von jetzt an wird Europa von Deutschland dominiert
werden, wobei drei Varianten denkbar sind: das ursprüngliche Westeuropa (von vor 1989), allerdings unter
deutscher Vorherrschaft – dies würde von den meisten
Politikern Frankreichs und der Mittelmeerländer notgedrungen als das kleinere Übel akzeptiert; dann ein pro-
deutsches Zentraleuropa, in dem die jetzige Regierung
für Deutschland die Rolle des Wohltäters in einer erweiterten Union vorsieht; und schließlich ein antideutsches
Zentraleuropa, in dem die südlichen und östlichen Nachbarn Deutschland eher als Belastung und Bedrohung
denn als Wohltäter empfinden würden. Die beiden letzteren Varianten könnten schließlich auf dasselbe hin-
auslaufen; so heißt es derzeit in einem tschechischen
Witz, das Land hätte nur zwei Dinge zu fürchten: daß
Deutschland in Zukunft stark investieren und die ganze
Volkswirtschaft aufkaufen wird und daß es dies nicht tun
und sie damit der Stagnation überlassen wird. Das deutsche Übergewicht in europäischen Belangen ist freilich

nichts Neues. Aber im Gegensatz zu früher stellt dies heute für Deutschland ein nicht minder großes Problem dar wie für seine furchtsamen Nachbarn.

In den Jahren vor und unmittelbar nach 1989 war die politische Führung der Bundesrepublik eifrig bemüht, Frankreich und andere Länder davon zu überzeugen, daß Deutschlands Rückkehr zu vollkommener Selbstbestimmung für sie keine Bedrohung bedeute. Seit 1990 nun ist das vereinte Deutschland aus denselben Gründen bestrebt, Partner für seine Strategie der Expansion Richtung Zentraleuropa zu finden, denn im Verein mit anderen Mitgliedern der »europäischen Schnellspur« wirkt eine solche Initiative weniger offensiv. In ähnlicher Absicht benutzen deutsche Firmen für ihre Investitionen in Osteuropa österreichische Tochtergesellschaften oder »Fassaden«, da diese dort weniger Unmut hervorrufen als solche deutschen Ursprungs. Konnte man die westdeutsche Außenpolitik vor 1989 als dreifachen Balanceakt bezeichnen, in dem es die Interessen Washingtons, Moskaus und Paris' im Gleichgewicht zu halten galt, so geht es im vereinten Deutschland darum, der Logik der Macht folgend eine neue Rolle in Zentral- und Osteuropa zu übernehmen, ohne dadurch die westeuropäischen Verbündeten zu beunruhigen und im eigenen Land Ängste vor einem Wiederaufleben nationalen Größenwahns wachzurufen.

Das Problem, auf das einige deutsche Autoren hingewiesen haben, besteht darin, daß Deutschland damit gegen seinen Willen zur Destabilisierung Europas beiträgt. Aus diesem Grund hatte sich Günter Grass so nachdrücklich gegen eine Vereinigung ausgesprochen und beobachtet ihre Folgen nach wie vor mit Unruhe und Skepsis. Jenes Europa, zu dessen Entstehen Adenauer und seine Zeitgenossen beitrugen und das der Bundesrepublik gestattete, seine postnazistische Identität auszubilden, ist in dem Maße fragwürdig geworden, wie sich die Übereinkünfte der Nachkriegszeit überlebt haben. Man lasse sich nicht von dramatischen historischen Analogien täuschen: Ein Zusammenschluß von Deutschland und Österreich im Rahmen der EU würde keine Wiederholung des »Anschlusses« von 1938 bedeuten, und ein Wiedererwachen von Expansionsdrang, geschweige denn von Militarismus ist in Deutschland zumindest in der näheren Zukunft nicht zu erwarten. Dennoch übt, wie schon seit 1871, ein machtvolles Deutschland, das in der Mitte Europas seinen eigenen Interessen nachgeht, eine beunruhigende Wirkung auf seine Nachbarn aus.

Ein britischer Minister mit Zuständigkeit für Europa brachte es in seinem kürzlich in *Le Monde* erschienenen Aufsatz »Europa bauen im 21. Jahrhundert« fertig, auf einer ganzen Zeitungsseite nicht ein einziges Mal Deutschland zu erwähnen! Die unmißverständliche Botschaft des Artikels war, daß die Zukunft Europas in den Händen der Briten und Franzosen läge, die ihre Interessen – vom Gang der Ereignisse in dieselbe Richtung gedrängt – zukünftig vermehrt gemeinsam verfolgen sollten. Unausgesprochen blieb dabei der dennoch offenkundige Gedanke, daß beide Länder von einer Verschiebung des europäischen Schwerpunktes nach Osten nur Nachteile zu erwarten hätten, ebenso wie von einem Abstimmungsmodus, bei dem ihre Interessen von einer Mehrheit kleinerer Staaten durchkreuzt werden könnten. Andererseits hätten Großbritannien und Frankreich (bisweilen) die Bereitschaft und die Voraussetzungen, die diplomatische Initiative zu ergreifen. Hier vor allem würden in einer zu erwartenden Krise des Atlantischen

Bündnisses die Maßstäbe für das Europa des kommenden Jahrhunderts gesetzt werden.

Diese Argumentation mag eigennützig sein und der langen Tradition britischer Kurzsichtigkeit in Sachen Europa entspringen, dennoch ist etwas Wahres dran. Ein von Deutschland dominiertes Europa wäre, ganz im Gegensatz zur Vergangenheit, *nicht* bereit, eine aktive Rolle auf dem internationalen Parkett zu spielen. Deutschland ist daran gelegen, seine Belange und Ziele in einen breitestmöglichen internationalen Konsens einzubinden. Wie lange diese Haltung vorherrschen wird, ist eine andere Frage. Das Trauma der Naziherrschaft wird nicht ewig auf dem öffentlichen Gewissen der Deutschen lasten; einmal wird der Punkt erreicht sein, wo deutsche Politiker und ihre Wähler weniger zurückhaltend sein und sich wie andere Mächte verhalten werden: Soldaten in ausländische Krisengebiete entsenden, Gewalt oder die Androhung von Gewalt dazu benutzen, ihre nationalen Ziele durchzusetzen, und dergleichen mehr. Aber bis es so weit ist, werden die Mitglieder eines von Deutschland dominierten Europa mit einer seltsamen Lethargie zu kämpfen haben, die das gemeinsame internationale Engagement der Europäischen Union auf unverdächtige Anliegen wie Umweltschutz oder humanitäte Hilfe beschränkt.

Die jugoslawische Tragödie, und vor allem darin besteht ihre Lektion, hat uns die Schwäche europäischer Initiativen vor Augen geführt, den Zwang zur Nichteinmischung und das Fehlen einer gemeinsamen Perspektive, die über den Erhalt des Status quo hinausreichte. Die Europäer, ganz besonders die Franzosen, mögen die scheinbare Leichtigkeit, mit der die amerikanische Intervention dem Konflikt in Bosnien ein zeitweiliges Ende gesetzt hat, mit Mißfallen betrachten, und mit kritischen Kommentaren wurde besonders in der französischen Presse nicht gespart. Da wurde vor allem angemerkt, daß die USA, hätten sie nur gewollt, viel früher eingreifen und damit Tausende von Menschenleben hätten retten können. Doch die Tatsache bleibt bestehen, daß das *imbroglio* in Bosnien die ganze Hohlheit der »europäischen« Konstruktion offengelegt hat, seine narzißtische und selbstsüchtige Obsession mit fiskalischer Korrektheit und kommerziellem Vorteil.

Auch brachte der in Jugoslawien wütende Krieg wieder ins Bewußtsein, daß die Deutschen nicht die einzigen sind, die eine deutsche Vorherrschaft in Europa als unliebsame Belastung empfinden. Einer der stärksten Trümpfe serbischer Propaganda, zunächst gegenüber slowenischen und kroatischen Unabhängigkeitsbestrebungen und später gegen externe »Einmischung« in Bosnien, war die Behauptung, daß Deutschland und Österreich aktiv die Wiederherstellung eines »germanisch-katholischen« Mitteleuropa betrieben und hinter dem Vorhaben der Demontage Jugoslawiens ein teutonisch-habsburgisches Komplott stecke. Selbst Journalisten aus dem Lager der Opposition in Belgrad gestanden dieser Erklärung für die Tragödie in ihrem Land eine gewisse Glaubwürdigkeit zu. Die Furcht, dieser Behauptung Nahrung zu geben, hat Europas stärkste Macht schließlich vier Jahre lang davon abgehalten, sich aktiv in den Konflikt einzumischen; und selbst dann kam die Entscheidung, ein kleines – erklärtermaßen von Kampfhandlungen ausgeschlossenes – deutsches Militärkontingent zu entsenden, nur gegen starken Widerstand aus intellektuellen und politischen (vornehmlich grünen und sozialdemokratischen) Kreisen zustande.

Das soll nicht heißen, daß das Verhalten Frankreichs oder Großbritanniens mustergültig gewesen wäre. Aber Franzosen und Briten sahen sich immerhin veranlaßt, *irgend etwas*, wie unzulänglich und perfide auch immer, zu unternehmen – daher die Entsendung einer »Schnellen-Eingreiftruppe« 1995 nach Sarajevo, nachdem auf verheerende Weise deutlich wurde, wie wenig die Vereinten Nationen dort auszurichten imstande waren.* Doch weil dies eine anglo-französische Truppe war, die nicht unter »europäischer« Zuständigkeit stand, hat sie eine weitere Lektion bestätigt, die uns die Ereignisse auf dem Balkan gelehrt haben: Wenn es um internationale Belange geht, ist die europäische Gemeinschaft ebensowenig handlungsfähig wie die internationale. Was existiert sind lediglich Einzelmächte – manche davon größer, manche kleiner –, und ein von Deutschland dominiertes Europa ist, zumindest derzeit, nicht unter ihnen.

Angesichts dieser Entwicklungen erscheint der Zeitraum zwischen 1945 und 1989 immer mehr als Parenthese, was nicht heißen muß, daß wir in die alten Übel zurückfallen. Vergangenes legt Zeugnis ab und hinterläßt Erinnerung, und schon deshalb werden sich die Ereignisse der Vergangenheit nicht einfach wiederholen. Wahr ist aber auch, daß Menschen vergessen können, sich zu erinnern – oder vielleicht vergessen zu vergessen – und daß, je weiter wir uns vom Jahr 1945 entfernen, die Beweggründe, dem Vergangenen etwas Andersartiges entgegenzusetzen, mehr und mehr dahinschwinden. Des-

---

* Wenngleich in Bosnien nicht unbemerkt blieb, daß diese Truppe hauptsächlich dazu diente, andere unter der UN eingesetzte ausländische Truppen (vor allem aus Frankreich und Großbritannien) gegen serbische Übergriffe, Entführung und Erpressung zu schützen.

halb ist es auch so notwendig, sich nicht nur der erzielten Erfolge zu versichern, sondern gleichzeitig zu bedenken, daß jene Europäische Gemeinschaft, die sie zu erzielen half, nicht Ziel, sondern nur Mittel war.

Denn wenn wir in der Europäischen Union das Allheilmittel sehen, wenn wir unser Europabekenntnis wie ein Mantra herbeten und sein Banner aufsässigen »nationalistischen« Häretikern mit dem Ruf »Schwöret ab! Schwöret ab!« ins Gesicht schleudern, dann werden wir eines Tages begreifen müssen, daß der Mythos »Europa«, statt die Probleme unseres Kontinents zu bannen, uns im Gegenteil daran gehindert hat, diese überhaupt zu erkennen. Dann wird uns vielleicht auch deutlich werden, daß dieser Mythos inzwischen kaum zu mehr taugt, als die jeweiligen Schwierigkeiten vor Ort auf politisch korrekte Weise zu übertünchen, so als könne bei lokalen Schwierigkeiten und Krisen das bloße Versprechen Europas ein aktives Eingreifen ersetzen. Kaum einer wird abstreiten, daß »Europa« – ontologisch gesehen – existiert. Und von ihm als einem bereits Bestehenden zu sprechen, hat ganz zweifellos den Vorzug einer *self-fulfilling prophecy*. Der Wunsch kann dem Entstehen des Gedankens auf die Sprünge helfen und hat dies ja schon ein Stück weit getan. Nur gibt es Dinge, die damit allein nicht zu bewältigen sind, Probleme, die man damit nicht angehen kann. »Europa« ist gewiß mehr als eine geographische Größe, aber eine ausreichende Antwort ist es nicht.